名人与三苏祠

徐丽 编著

四川大学出版社

项目策划：蒋姗姗
责任编辑：蒋姗姗
责任校对：王小碧
封面设计：成都惟文文化传播有限公司
责任印制：王　炜

图书在版编目（CIP）数据

名人与三苏祠 / 徐丽编著 . — 成都：四川大学出版社，2020.6

ISBN 978-7-5690-3767-8

Ⅰ．①名… Ⅱ．①徐… Ⅲ．①祠堂－介绍－眉山②汉字－法书－作品集－中国③中国画－作品集－中国 Ⅳ．① K928.75 ② J222

中国版本图书馆 CIP 数据核字（2020）第 108766 号

书名	名人与三苏祠
编　　著	徐　丽
出　　版	四川大学出版社
地　　址	成都市一环路南一段 24 号（610065）
发　　行	四川大学出版社
书　　号	ISBN 978-7-5690-3767-8
印前制作	成都惟文文化传播有限公司
印　　刷	涿州军迪印刷有限公司
成品尺寸	170mm×240mm
印　　张	14
字　　数	163 千字
版　　次	2021 年 1 月第 1 版
印　　次	2021 年 1 月第 1 次印刷
定　　价	98.00 元

◆ 版权所有 ◆ 侵权必究

扫码加入读者圈

四川大学出版社
微信公众号

◆ 读者邮购本书，请与本社发行科联系。
　电话：(028)85408408/(028)85401670/
　(028)86408023　邮政编码：610065
◆ 本社图书如有印装质量问题，请寄回出版社调换。
◆ 网址：http://press.scu.edu.cn

《三苏祠丛书》编撰委员会

主　任：何迎晓　　曹　晖
副主任：刘友洪　　陈仲文
顾　问：周裕锴
主　编：陈仲文
副主编：黄　建　　李　林　　周云容
责　编：周云容

《三苏祠丛书》序

在眉山市城区,有一处红墙围绕、绿树葱郁的园林,这就是闻名遐迩的三苏祠。此处是北宋大文豪苏洵、苏轼、苏辙父子的故居,是历代人民祭祀三苏父子的祠堂,更是当今眉山市的城市文化名片。

我从20世纪80年代起,就常来三苏祠,或参加学术会议,或参加文化活动,或为东坡诞辰,或向三苏献词,曾陪亲友学生参观,曾向国际友人讲解,跟三苏祠结下不解之缘。每次来到这里,都有一种亲切而庄严的朝圣心情,同时又因作为邻近三苏家乡的华阳人而感到特别自豪。同一条岷江水,贯串着我的家乡和眉山,化用东坡的诗来说:"我家峨眉阴,与子同一邦。相望六十里,共饮玻璃江。"只要将此"六十里"换成"六十公里",就是我家乡与眉山距离的写实。

然而,此前我给亲朋好友讲三苏,只能讲些历史故事,对于历代三苏祠的沿革修缮,匾额、楹联、碑刻的作者身份,撰写刊刻的来龙去脉,对于祠内古建筑的造型、园林的艺术风格以及博物馆内的各类文物收藏,都不甚了了,所以引导朋友游观,只能是走马观花,浮光掠影,感到非常遗憾。

当前,三苏祠博物馆贯彻落实眉山市"文化城、生态城、活力城"的城市发展战略,着力打造精品博物馆,为进一步继承弘扬三苏文化、提升眉山市文化品位和影响力贡献力量。馆领导组织工作人员群策群力,为了"将三苏祠的故事讲够、讲透、讲清",将"三苏祠一草一木、园林、建筑、匾额、楹联、碑刻"等研究透彻,因而策划编写了一套《三苏祠丛书》,由熟悉精研博物馆业务的专业人员执笔完成。

三苏祠领导邀我把关，但在博物馆方面我是外行，不敢妄加评点。我教学科研工作很忙，无暇详细拜读，只是抽空看了部分关于匾额楹联赏析的书稿。该书稿有注释评点的赏析，有撰写背景的介绍，还有延伸阅读，匾额和楹联虽短短数字，但经作者全方位的搜集整理，说明介绍，增加了很多不为人知的故事，值得一读。此外，丛书中还有古今名人乡贤与三苏祠的故事，三苏祠碑刻收集、保存、新刊以及碑廊建设的故事，三苏祠园林的历史沿革、设计布局及其艺术风格的前世今生，还有适应游客需要的三苏祠陈列解说词，等等。这一系列内容丰富而资料翔实的故事，使我对三苏祠所蕴含的深厚历史文化内涵有了更深的体会。如果我今后再次陪同朋友参观三苏祠，定要事先了解这套丛书所讲的若干有趣的故事，这样便可更自豪地向朋友娓娓道来，细细解说，宣传这座名祠光荣的历史和今天。

近年来，四川省委宣传部在四川大学设立了苏轼研究中心，由我忝列中心的首席专家，我们的工作也得到眉山市委宣传部、三苏祠博物馆和三苏文化研究院的大力支持。我们中心的青年教师曾带领研究生参观三苏祠，受到热情接待和教育，对此我深表感谢。因此，当三苏祠的朋友嘱托我为丛书作序之时，深感义不容辞，欣然应允。我希望，眉山的朋友在讲好三苏祠的故事、讲好东坡的故事方面，成为全国苏轼学会各分会、各苏轼纪念馆的榜样；在书稿撰写方面，反复打磨，精益求精，做到语言优美，内容准确，知识性和可读性相结合，真正成为打造精品博物馆的标志性成果。

"一门父子三词客，千古文章四大家。"九百多年前，三苏父子从眉山走向中原，走向天下，走向世界，我希望今天三苏祠的故事，也能随着这套丛书走出四川，走向天下，走向世界。是为序。

华阳梦蝶居士周裕锴谨识于江安花园锅盖庵
2020 年 5 月 30 日

目 录

● 古代篇

陆　游——南宋爱国诗人	002
魏了翁——南宋眉州知州	008
李齐贤——元代高丽诗人	011
许　仁——明代眉州知州	014
赵蕙芽——清代眉州知州	021
金一凤——清代眉州知州	026
张兑和——清代眉州知州	032
何绍基——清代四川学政	036
李梦莲——清代眉山书院主讲	047
弓翊清——清代眉州知州	054
张之洞——清代四川督学使	062
毛隆恩——清代眉州知州	066
黄云鹄——清代四川盐茶道	073
顾印愚——清代"斗方名士"	077
赵　藩——清代川南道按察使	088

●近现代篇

陈国栋——民国军旅文人　　　　　100
余安民——民国眉山专员　　　　　105
朱　德——现代无产阶级革命家　　112
李一氓——现代无产阶级革命家　　117
刘孟伉——现代著名书画家　　　　125
郭绍虞——现代著名学者　　　　　136
赵朴初——现代著名学者　　　　　142
张爱萍——现代共和国上将　　　　147
钱松嵒——现代著名书画家　　　　152
陈子庄——现代著名书画家　　　　160
程十发——现代著名书画家　　　　165
王学仲——现代著名学者　　　　　169

●乡贤篇

陈柏青——清代乡贤　　　　　　　174
彭耀章——清代拔贡　　　　　　　177
杜重划——现代著名书画家　　　　182
冯建吴——现代著名书画家　　　　194
伍中一——现代书法家　　　　　　205
后　记　　　　　　　　　　　　　　215

名人与三苏祠

古代篇

陆游——南宋爱国诗人

关键词：披风榭　千载诗书城的命名

　　陆游（1125—1210），字务观，号放翁，越州山阴（今浙江绍兴）人，南宋文学家、史学家、爱国诗人。

　　陆游生逢北宋灭亡之际，少年时在家中就深受爱国思想的熏陶。宋高宗时陆游参加礼部考试，因受秦桧排斥而仕途不畅。宋孝宗即位后，他被赐进士出身，历任福州宁德县主簿、敕令所删定官、隆兴府通判等职。陆游因坚持抗金，屡遭主和派排挤。乾道七年（1171），他应四川宣抚使王炎之邀，投身军旅，任职于南郑幕府。次年，幕府解散，陆游奉诏入蜀，与范成大相知。宋光宗时，陆游升为礼部郎中兼实录院检讨官，不久即因"嘲咏风月"罢官归居故里。嘉泰二年（1202），宋宁宗召陆游入京，主持编修孝宗、光宗《两朝实录》和《三朝史》，官至宝章阁待制，书成后，陆游长期蛰居山阴，嘉定二年（1210）去世。

　　陆游一生笔耕不辍，在诗词文上具有很高成就，其诗语言平易晓畅，章法整饬谨严，兼具李白的奔放与杜甫的沉郁，尤以饱含爱国热情而对后世影响深远。

　　陆游的蜀中生涯主要是乾道八年（1172）至淳熙四年（1177）

的五年间。其中，淳熙二年（1175），范成大由桂林调至成都任职四川制置使，举荐陆游为锦城参议，二人以文相知，成了莫逆之交。淳熙四年（1177），范成大奉召回京，陆游送至眉州。

陆游来眉山时，见到了修筑在眉山城内环湖高土台上的披风榭，亭榭中悬挂有苏轼的画像，陆游虔诚祭拜之后，写下了《眉州披风榭拜东坡先生遗像》：

> 蜿蜒回顾山有情，平铺十里江无声。
> 孕奇蓄秀当此地，郁然千载诗书城。
> 高台老仙谁所写，仰视眉宇寒峥嵘。
> 百年醉魂吹不醒，飘飘风袖筇枝横。
> 尔来逢迎厌俗子，龙章凤姿我眼明。
> 北扉南海均梦耳，谪堕本自白玉京。
> 惜哉画史未造极，不作散发骑长鲸。
> 故乡归来要有日，安得春江变酒从公倾。

其中"孕奇蓄秀当此地，郁然千载诗书城"二句，成为对眉山悠久历史，文化圣地的定评。眉山因此被誉为"千载诗书城"。

南宋时，眉州知州魏了翁曾重新修缮过环湖和披风榭，但后因环湖消失，披风榭也不复存在。清代光绪二十四年（1898），为纪念三苏、陆游、魏了翁，眉山人民在三苏祠内重建了此亭榭。因原披风榭规模式样已不可考，因此，当年的东坡画像和悬挂位置也无从考据。民国《眉山县志》载"榭之上亦有楼一楹，登楼遥望，鳞塍绣壤，悉在目前。可谓绿杨城郭，大好河山，皆饶有天然画意，亦一巨观也"。如今的披风榭背临瑞莲池，与池中的

▲ 披风榭

百坡亭，池南的瑞莲亭和正面的东坡盘陀像构成了三苏祠最美的风景。

三苏祠的启贤堂背后是木假山堂，最初为康熙五年（1666）秋天时，眉州知州赵蕙芽立，乾隆十九年（1754）春知州阁源清重修，但有堂无山。到了道光十二年（1832）眉山书院主讲李梦莲，从岷江河畔购得千年乌木置于堂中，才有了如今完整的木假山堂。其实木假山堂的历史，可追溯到三苏父子居住于纱縠行故宅的时代，据记载，苏洵的木假山有二：一在眉山老家，另一在京城南园的寓所。南园的木假山是苏洵父子南行途中杨纬所赠的。苏洵在《寄杨纬》诗中写道："家居对山木，谓是无言伴。去乡不能致，回顾颇自短。谁知有杨子，磊落收百段。拣赠最奇峰，慰我苦长叹。""舟行因乐载，陆挈敢辞懒。""京洛有幽居，吾将隐而玩。"苏洵将杨纬送的木假山，作为他幽居京城的赏玩之物，可见苏洵是非常喜爱这木假山的，并因此作了《木假山记》，苏洵感叹道："其最幸者，漂沉汩没于湍沙之间，不知其几百年，而其激射啮食之余，或仿佛于山者，则为好事者取之，强之以为山。"梅尧臣写有《苏明允木山》诗。苏辙作有《木山引水》诗二首，苏轼和其诗并作《木山并叙》，苏辙作《同子瞻次韵梅圣俞题乡舍木山》等。

当年的木假山，无论是苏洵眉山老家的，还是京城南园的，都没能保存下来，尤其是眉山老家的木假山形状和特征已无从考证，虽然如此，人们对三苏的景仰却永远流传。陆游拜谒三苏故居时，写了《木假山》：

枯楠千岁遭风雷，披根折干吁可哀。
轮囷无用天所赦，秋水初落浮江来。
嵌空宛转若耳鼻，峭瘦拔起何崔嵬。
珠宫贝阙留不得，忽出洲渚知谁推。
书窗正对云洞启，丛菊初傍幽篁栽。
是间著汝颇宜称，摩挲朝暮真千回。
天公解事雨十日，洗尽泥滓滋莓苔。
一丘一壑吾所许，不须更慕明堂材。

陆游诗句中"书窗正对云洞启，丛菊初傍幽篁栽"，描述了木假山堂优美静谧的环境，丛菊、幽篁、木假山，映衬着一方天空、流云，烘托出一派安宁平和的氛围。1959 年，由著名书法家刘孟伉书写成楹联，悬挂于木假山堂。

眉山城东的蟆颐山位于岷江边，距城约四公里，因山形状如癞蛤蟆的下巴而得名。"蟆颐晚照"为明代"眉山八景"之第二景，山中的蟆颐观始建于南朝，历史悠久，曾是川西南最大的道观。今存山门、明代大殿、老人泉、明清碑石题刻等。蟆颐观是眉山规模最大，最为有名的道观，也是苏洵、苏轼、苏辙父子踏青郊游的好去处，苏辙在《踏青》中这样形容当时的情景："江上冰消岸草青，三三五五踏青行。浮桥没水不胜重，野店压糟无复清"。初春时节，眉山城里的人们纷纷出城踏青郊游，人很多，以至于去往蟆颐观途中的浮桥都快承受不住来往行人了，其热闹场景可见一斑。陆游来眉山时，追寻着三苏的足迹，兴致勃勃地游览了蟆颐观，乘着酒兴，写下了《醉中怀眉山蟆颐旧游》：

> 劲酒少和气，哀歌无欢情。
> 故乡不敢思，登高望锦城。
> 锦城那得去，仿佛蟆颐路。
> 遥知樽前人，指我题诗处。
> 我虽流落夜郎天，遇酒能狂似少年。
> 想见东郊携手日，海棠如雪柳飞绵。

诗人发出感叹，多想见到当年在眉山城东郊蟆颐观携手游春的东坡兄弟啊！自己不能回到故乡，郁郁寡欢，只有借酒浇愁了。陆游十分崇拜苏轼，他在《老学庵笔记》中，记载了大量有关苏轼的事件，他尤其敬重苏轼夫人王弗，还特意到眉山青神瑞草桥寻觅王弗遗踪。

陆游在寓居眉山时，还喜欢上了眉山的元修菜，据说他经常守在小炉边，用元修菜制作菜羹。元修菜在四川俗称"野豌豆"，又称"苕菜"，是一种非常普通的小菜。无论是与猪肉一起炒还是做汤，苏轼都非常喜欢。为什么这种菜叫元修菜呢？那是因为这种菜与苏轼的好友巢谷大有关联，巢谷是眉山人，字元修。在苏轼被贬黄州时，巢谷从家乡带来了苕菜的种子，苏轼把种子播撒在开垦的荒地上，地上就长满了此菜，苏轼就将这从千里之外引种而来的菜起名元修菜，并写了《元修菜》诗和序：

菜之美者，有吾乡之巢。故人巢元修嗜之，余亦嗜之。元修云：使孔北海见，当复云吾家菜耶？因谓之元修菜。余去乡十五年，思而不可得。元修适自蜀来，见余于黄，乃作是诗，使归致其子，而种之东坡下云。

彼美君家菜，铺田绿茸茸。

豆荚圆且小，槐芽细而丰。

种之秋雨余，擢秀繁霜中。

欲化而未萼，一一如青虫。

是时青裙女，采撷何匆匆。

陆游在《剑南诗稿》中称："蜀菜有两巢：大巢，豌豆之不实者；小巢，生在稻中。东坡所赋之元修菜是也。"这也是陆游与眉山，与东坡的不解情缘。

魏了翁——南宋眉州知州

关键词：修缮环湖　孙氏书楼

魏了翁（1178—1237），字华父，号鹤山，邛州蒲江（今四川蒲江县）人，南宋著名理学家、思想家。

魏了翁几岁时就和他的兄长们一起入学，稍大一点，就显示出了他的聪明颖悟之处，有日诵千余言，过目不忘的本领，乡里人称之为神童。庆元五年（1199）中进士，授剑南西川节度使判官厅公事。嘉泰二年（1202）任国子监武学博士。开禧元年（1205）诏试学士院，改任秘书省正字。嘉定元年（1208）为父守丧，建鹤山书院，著书立说，授徒传道，宣扬理学。嘉定三年（1210）出知眉州，嘉定四年（1211）升潼川府路提点刑狱公事，历任遂宁、泸州、潼川府。嘉定十五年（1222），召为兵部侍郎，累迁秘书监、起居舍人。绍定五年（1232）起为潼川路安抚使知泸州。端平元年（1234）召为礼部尚书兼直学士院，以端明殿学士，同签书枢密院事。嘉熙元年（1237）卒。赠太师，秦国公，谥号文靖。著有《鹤山全集》《九经要义》《古今考》《经史杂抄》《师友雅言》《鹤山长短句》。

魏了翁于嘉定三年（1210）至嘉定四年（1211）在眉山任职，时间较短，有关魏了翁在眉州任上的情况，民国《眉山县志》

之"职官"有这样一段记载:

> 眉俗习法令持吏短长,号难治,了翁至,乃尊礼耆耇,简拔俊秀,朔望亲为,讲说诣学,宫诱掖指授举,行乡饮酒礼以示教化,增贡士员以振文风。复蟆颐堰、筑江乡馆、士论大服,俗为丕变。

眉州人"习法令持吏短长,号难治"的情况,苏轼在《眉州远景楼记》的开篇就讲道:"吾州之俗,有近古者三。其士大夫贵经术而重氏族,其民尊吏而畏法,其农夫合耦以相助。盖有三代、汉、唐之遗风,而他郡之所莫及也。"其中的"尊吏而畏法"就是说民众尊重官吏,惧怕犯法,但眉山的老百姓学法、懂法而不违法,苏轼说:"家藏律令,往往逋念而不以为非,虽薄刑小罪,终身有不敢犯者"。正因为眉山老百姓每家都藏有国家颁布的律令,并且以之对照检查自己,不仅不犯大罪,小罪也与其远离,这样一来,官吏要想无端地加害或有执法不公的情形时,老百姓就依据法律讲道理,这就是所谓的"难治"。苏轼还讲到百姓与公正清廉的太守、县令之间的关系,就像古代君臣之间的关系一样,官吏离任之后,就为他们画像敬奉。对于贤能的人,老百姓还要记录他们的事迹,让其流传于世。魏了翁在眉山的一年时间里,尊礼长者,选拔优秀人才,开馆讲学,教化百姓,整饬文风。此外,他还整修城外的蟆颐堰,修筑江乡馆,新开环湖、修筑披风榭。直到清代康熙四年(1665)赵蕙芽重修三苏祠时,魏了翁的祭祀祠堂仍在三苏祠内,就像苏轼所说的眉山民俗一样,对于一个好的官吏，眉山百姓更不容易忘记的。

　　眉山孙氏书楼是宋代有名的私人藏书楼之一，体现了眉山典籍收藏和书院教育的悠久历史。孙氏书楼始建于唐代，至宋时已有三百年之久，从创建人孙长儒起，延绵十多代孙氏子孙，经历了一段漫长的收藏历程。魏了翁任眉州知州时，正是孙氏六世孙重修书楼时，作为一州之守的魏了翁也参与其中，并为修缮后的孙氏书楼作了《孙氏书楼记》。魏了翁在文中说："孙氏居眉，以姓著。自唐迄今，人物之懿，史不绝书。而为楼以储书，则由长孙始。楼建于唐之开元，至光启元年（885），僖宗御武德殿，书'书楼'二字赐之……长儒四世孙降衷常游河洛，识艺祖皇帝于龙潜。建隆初，召至便殿，赐衣带、圭田，特授眉山别驾，同市监书万卷以还。"魏了翁感叹："而孙氏之传，独能于三百年间屡绝而复兴，则斯不亦可尚矣夫！"清嘉庆《眉州属志》记载："书楼，州治西，唐光启初，州人孙长孺建，为藏书之所。僖宗御书'书楼'二字赐之，长孺四世孙降衷，宋初授眉州别驾，因市书万卷贮之，六世孙辟重修，魏了翁作记。"由此可见，魏了翁对眉山书院教育的重视。

李齐贤——元代高丽诗人

关键词：诗歌《眉州》

李齐贤（1288—1367），字仲思，号益斋、栎翁，谥号文忠公，韩国著名政治家、儒学家、诗人、翻译家，被誉为韩国古代"三大诗人"之一。其著作有《益斋乱稿》（10卷）、《栎翁长短句》（4卷）等。

李齐贤自幼聪慧，十五岁进士及第，十七岁踏入仕途，在之后的五年里，历任西海道按廉使、进贤馆提学等职，政绩累累，声名远播。公元1313年，即元代仁宗皇庆二年，高丽国忠宣王让位于太子中肃王，自己则以太尉的身份留居元大都（今北京），他购书置万卷堂，以史书自娱，深感"京师文学之士，皆天下之选，吾府中未有其人，是吾羞也！"因此，召李齐贤来中国以侍从。李齐贤从公元1315年初来中国，至公元1341年止，在中国生活了26年之久，他把中国当成自己的第二故乡。这期间，他游历中国的名山大川，足迹遍布中华大地。当时著名文人姚燧、闵复、赵孟頫、元明善、张养浩等与他过从甚密，以为知己。公元1341年，54岁的李齐贤回到高丽国，担任忠穆王的老师并编写史书。公元1348年，61岁的他再次出使元朝。回国后，其潜心著述。

元代仁宗延祐三年（1316），李齐贤以成均馆祭酒身份奉使峨眉山，路过眉山时，专程来到三苏故宅祭拜三苏，写有《眉州》诗一首。从诗中记述可知，当时的三苏祠堂名为"三苏堂"，规模较小，但"一门秀气"却是势不可当：老骐骥苏洵，政论史论名震朝野；雏凤凰苏氏兄弟，双双得中进士，成为一代文章楷模，梅尧臣诗中说"百鸟戢羽翼，不敢呈文章"。宋代更是流传着"苏文熟，吃羊肉；苏文生，吃菜羹"的谚语，三苏之名可与日月同辉。在眉山的历代文献中，对三苏改宅为祠的具体年代记载不详，《四川通志》载："三苏祠，州治西南，即苏洵故宅建为祠，本朝洪武间重修。"依据李齐贤的诗歌和高丽史学家提供的史料，我们可以将改宅为祠的时间确定为元代延祐三年（1316）之前，这弥补了原有史料的不足。

■相关链接：

眉州

李齐贤

眉山僻在天一方，满城草木秋荒凉。

过客停骖必相问，道傍为有三苏堂。

三苏郁郁应时出，一门秀气森开张。

渥洼独步老骐骥，丹穴双飞雏凤凰。

联翩共入金门下，四海不敢言文章。

迩来悠悠二百载，名与日月争辉光。

▲ 来凤轩

注释：

三苏堂：元代改宅为祠时，三苏祠的名称。

渥洼、丹穴：《诗·秦风·终南》有"颜如渥丹"，"渥丹"意为"赤而有光泽"。此特指三苏故居。

老骐骥：指苏洵。

雏凤凰：指苏轼、苏辙。

简析：

宋仁宗嘉祐二年（1057），苏洵携苏轼、苏辙进京考试，兄弟二人双双得中进士，诗人梅尧臣赞叹道："日月不知老，家有雏凤凰。百鸟戢羽翼，不敢呈文章"，把苏轼兄弟比喻为两只展翅高飞的凤凰。而苏洵的文章受到朝廷上下的赞赏，后苏洵以一介布衣跻身唐宋八大家之列，三苏父子名震京师，"三苏"之名由此而得。而伴随他们成长、生活的纱縠行故居，则成为人们向往和景仰之地。

许仁——明代眉州知州

关键词：眉山八景诗碑　刊行《三苏先生文集》

许仁，广东高安人，进士，明代成化十五年（1479）任眉州知州。据民国十二年（1923）《眉山县志》记载：

> 许仁，广东高安进士。成化十五年任州事。修学校，创聚秀亭以诲生徒考最。迁从四品秩。时老泉墓经元荒乱失所在，躬亲寻觅，往返于治东北山，原有诗碑见富顺场广福寺。著《眉州八景诗》。

许仁在任职期间，兴修学校，开办"聚秀亭"以教诲眉山学子们。他还多次往返于眉州治所东北面，依据苏洵《老翁井铭》、苏轼《送贾讷倅眉》和苏辙《坟院记》以及眉州文献资料，寻找元代之后湮没于荒芜之中的苏洵墓地，并找到了原墓地附近的广福寺。"苏坟山"在眉山城东三十里，坟茔依山势坐东北朝西南，呈阶梯式分布，墓地有墓四座，苏洵夫妇合葬墓、王弗墓和苏轼、苏辙衣冠墓，此墓地为苏洵当年命人占卜而得。山中水塘中有一口千年的"老翁井"，井上有老翁亭。据苏辙《坟园记》记载，苏洵墓不远有任氏旧居，后改作为苏祠祭祀之处，另有广福禅院配祀，今已不存。

许仁还刊刻了《三苏先生文集》（70卷），题有《眉山八景诗》。原《民国县志》载题名《眉州八景诗》有误，现依碑石题名为《眉山八景诗》。

■相关链接一：

明代眉州刻本《三苏先生文集》

明代成化十九年（1483），许仁依据自己家藏的旧本，亲自校雠并主持刊刻了《三苏先生文集》，全书共七十卷，十四册。三苏祠有残本一部，现存十二册，六十五卷。该本以收录三苏文为主，其中《苏洵文集》十一卷，六十八篇；《苏轼文集》三十三卷，二百八十篇；《苏辙文集》二十六卷，三百一十二篇。其书为半页十四行，每行二十六字。墨口，双鱼尾，四周双栏。

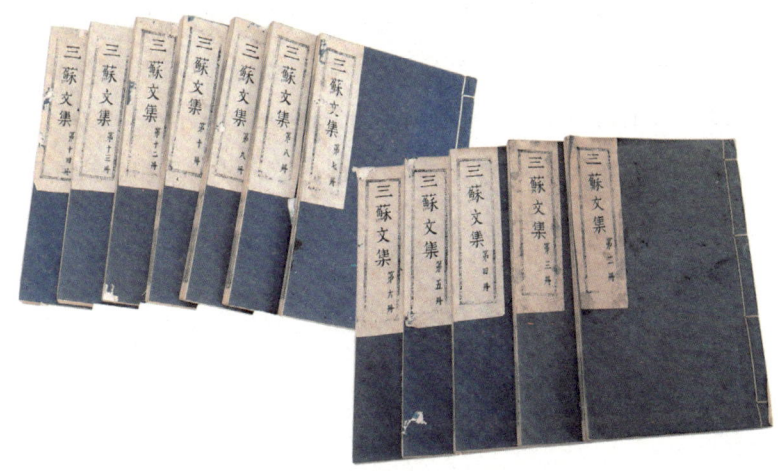

▲《三苏先生文集》（明代）

书高26.5厘米,广16厘米。框高19厘米不等,广13.5厘米。版心刻书名、卷数及页数。棉纸,洁白细薄,正反两面均光滑。

南宋时期,四川眉山与浙江杭州、福建建阳并称"三大雕版印刷中心",时刻本之佳者有"蜀本""杭本""建本"之称,而眉山刻本就是蜀本的代表,"蜀刻眉州大字本"闻名天下。历代对于三苏的研究也有其时代特征,宋元时期注重诗词研究,刊行的多为诗词及注释,其中以《王状元集诸家注分类东坡先生诗》和《施顾注坡诗》流传最广。明代特别注重对三苏文章的研究,《东坡先生全集》《苏文忠公全集》《坡仙集》《嘉祐集》《三苏先生文集》等刊本较多。清代对三苏的研究更加全面,诗词文赋的研究成果转化为刊行的各种版本,是三苏研究的高峰期。三苏祠收藏的这套明代许仁成化本《三苏先生文集》,因为缺失了第一册,无法得知其序言、目录等信息,只是在末卷后,收录了许仁的《书三苏先生文集后》,说明了刊行的原委和经过:

《三苏先生文集》十四册,以卷计七十,以篇计六百六十。盖老泉先生所作者六十八篇,东坡先生所作者二百八十篇,而颖滨先生所作者三百一十二篇也。旧本《三苏文集》刻板书坊年久,字画模糊,官者因病而鬻者亦少矣。余家旧藏此本,去冬舍弟天德携至官舍,乃手自校过,命工翻刻以传。虽于三苏先生无所增重,而于眉州人士景仰前修之意,则未必无所助也。夫岂无益之费欤,刻既完,谨识岁月于后云。

皇明成化十九年（1483）癸卯七月哉生明端溪许仁书于眉之郡斋。

注释：

《中国善本图书提要》著录了此本。研究者称，许仁的旧藏本来源于明代初年复刻的宋刻本。三苏祠也仅此一部残本，很是珍贵。

■相关链接二：

眉山八景诗碑

许仁在眉山任职期间，遍游境内风景名胜，写下了赞誉眉山的《眉山八景诗》（八景即苏池瑞莲、灵岩石笋、蟆颐晚照、象耳秋岚、中坝渔村、松江野渡、峨眉霁雪、江乡夜月），勒石成为《眉山八景诗碑》，保存于三苏祠内。诗碑是三苏祠在明末遭到战火毁坏后仅存的文物遗迹"五碑一钟"之一。"五碑一钟"即洪武二十九年（1396）《东坡盘陀画像碑》，嘉靖年间州牧赵渊《三苏先生祠记碑》，明《马券碑》二通，明成化二十一年（1485）州牧许仁《眉山八景诗碑》和明天顺元年（1457）的铁铸钟一口。眉山八景诗碑现存于前厅耳房碑亭内，碑高1.3米、宽0.5米，是苏祠历史的见证，与《三苏先生文集》刻本一样，都是三苏祠博物馆的珍藏。眉山八景诗既是对眉山风物的描绘，也是眉山美好延续的象征。

眉山八景

苏池瑞莲
可人千载尚流芳,故宅池中并蒂香。
莫讶为祥兆科甲,生前元自擅文章。

灵岩石笋
灵岩寺外石三峰,曾说牛山有路通。
试向洞门问消息,满空烟雨昼濛濛。

蟆颐晚照
蟆颐洞上树层层,洞里香泉彻底清。
日暮游人留不住,下山犹爱夕阳明。

象耳秋岚
万仞青山势欲摧,秋岚晴锁读书台。
山灵好是常呵护,有待诗才又再来。

中坝渔村
水边杨柳岸边村,罢钓归来昼掩门。
睡起黄昏无别事,桑麻荫里数鸡豚。

松江野渡
郡城南下路悠悠,行尽烟村水漫流。

寄语莫愁前去晚，柳阴深处有虚舟。

峨眉霁雪
名山高与斗牛齐，积雪连云望欲迷。
退食卷帘静相对，无边清思入新题。

江乡夜月
玻璃江畔着亭台，前辈迎宾特地开。
今日独留明月在，夜深时送画船来。

成化廿一年乙巳秋七月哉生明春坡老牧端溪许仁书。

简析：

眉山八景之首就是"苏池瑞莲"，诗中写道："可人千载尚流芳，故宅池中并蒂香。莫讶为祥兆科甲，生前元自擅文章。"许仁这样描绘三苏祠池塘中的瑞莲，是有缘由的。

三苏祠是由三苏的故居改宅而成的，据说，当年的苏家院子里，有一个小小的荷塘，可能还有一个小亭子，其时苏洵在池塘里栽种了荷花，父子三人常常在亭中赏月吟诗。北宋仁宗嘉祐二年（1057），苏氏兄弟双双考中进士，苏家池塘里盛开了并蒂莲花，从此，眉山就有了"瑞莲兆科甲"之说。"苏池瑞莲"成为科举的祥瑞之兆，也成为莘莘学子的殷殷期盼。其时到三苏祠，拜三苏、赏瑞莲，已成为眉州学子的惯例。

▲ 瑞莲亭

　　许仁在明成化二十一年（1485）所题《眉山八景诗》，将"苏池瑞莲"题为眉山八景之首，既是对苏祠美景的赞美，更是对三苏父子的推崇。为使"苏池瑞莲"的美好得以延续。清代康熙四年（1665），眉州知州赵蕙芽在重建三苏祠时，修筑了瑞莲亭。康熙四十六年（1707）七月，四川巡抚能泰题写了"瑞莲重现"的匾额，这是否意味着苏家的池塘中再次盛开了并蒂莲花？当然，此匾更加深长的意义在于希望出更多像苏氏兄弟一样杰出的人才。时隔46年之后的乾隆十八年（1753），时任眉州知州宋载题写了"瑞莲池"匾额，悬挂于瑞莲亭门楣之上。1959年，四川著名学者、书画家，四川省文史馆馆长刘孟伉先生依据清代何栻《衲苏集》撰写了对联"眼明小阁浮烟翠；身在荷花水影中"。瑞莲亭被列入中华名亭。

　　2006年夏天，三苏祠的池塘里盛开了并蒂莲花，这种奇特的植物现象再次发生了，这是三苏精神的再现，是对我们保护和传承传统文化的激励。

赵蕙芽——清代眉州知州

关键词：主体建筑

赵蕙芽，字幼湘，直隶涞水（今河北涞水）人，清康熙元年（1662）任眉州知州。据民国《眉山县志》载：

> 康熙元年任州事，时，蜀初入版图，公至，抚凋残，勤劳，来刚直廉明，爱民如子，百废科举。尤勤于农事，黄连、董家、白家三堰其始修者。继兴学校，遣人往白下购经史各书，聚民之秀者于三苏祠，延师训课，四方之士多就之。去日，百姓遮道悲号，四十六年，州人请祀名宦。

赵蕙芽于清初康熙元年（1662）出任眉州知州，当时的四川才刚刚纳入清朝版图，饱受战乱的眉山民生凋敝、百废待兴。赵蕙芽上任伊始，劝农、兴学、修水利，造福眉山百姓。他勤政为民，深受眉山百姓的拥戴。康熙四十六年（1707），眉山修名宦祠，赵蕙芽位列其中，享永祀。

明代末年，三苏祠为战火毁坏，康熙四年（1665），赵蕙芽开始着手对三苏祠原址予以重建，其主体建筑飨殿、启贤堂、瑞

▲ 飨殿

莲亭等的修建，奠定了清代三苏祠建筑群的基本风貌。他对三苏故祠的重建与复原功不可没。飨殿的建筑面积为250多平方米，硬山式屋顶，抬梁式梁架，为三进四合院的第一进院。启贤堂是苏家"家有五亩园"的中心地，也是祠堂三进四合院的第二进。其建筑面积约224平方米，歇山式屋顶，台梁式木结构，为苏家供奉祖先牌位的地方。瑞莲亭高8米，八角十二柱，攒尖式屋顶。亭顶为花瓶状物，八条脊上均有走兽饰物，屋面为筒瓦覆盖，亭门开于东面，有小桥与岸相通，亭四周设飞来椅。

赵蕙芽将眉山书院设在三苏祠内，《眉山县志》记载："书院旧在三苏祠，知州赵蕙芽建，亲聚诸生讲授，捐置经史二十六部……乾隆十九年（1754），署知州阎源清始置学田，改设书院于文昌宫前庑。"赵蕙芽设立书院、倡导学习、亲自授课、还捐置经史书籍，对眉山文脉的延续起到了积极的推动作用。《眉山县志》艺文类中赵蕙芽的《重修三苏祠记》一文，充分表达了他对三苏先贤的景仰之情。

瑞莲亭虽不在中轴线上，但其历史意义却深远无比。瑞莲亭修缮后，赵蕙芽题有《题瑞莲亭》两首。

■相关链接一：

题瑞莲亭

赵蕙芽

（一）

一泓十丈花茵馥，辍罍呼童分残盝。
轻风浪绿上人衣，对酌烟霞诗万斛。

（二）

蝉鸣竹树水鸣蛙，耳热呼卢兴未赊。
玉井匀来甘冷味，平看并蒂映清华。

注释：

罍：古代一种盛酒的器皿。

盝：古代一种盛食物的盒子。

玉井：指三苏祠内保存的苏宅古井。古井是三苏祠珍贵的遗存之一。据说，井水源头与眉山东门外蟆颐观山中的"老人泉"泉眼相通，井水清纯甘冽、从不枯竭。据传，人饮此井水，会耳聪目明，若在此基础上勤于攻读，必成大器。

并蒂：指三苏祠荷塘的并蒂莲花。

简析：

夏日的荷塘，莲叶接天，荷花映日。坐在瑞莲亭中，荷风拂面，感叹昔日诗人及池中瑞莲，不觉思如万斛泉涌。耳畔蝉鸣声声，蛙声一片，那是炙热的氛围。此时，饮一盅甘甜清凉的古井之水，再观赏那满池盛开的荷花，是多么的惬意！

■ **相关链接二：**

重修三苏祠记

赵蕙芽

时无论盛衰，遇无论穷通，君子惟自求其是，以自得于盛衰穷通之际。故不惟时与遇不足以损益，我且尤能忼慨直立于当时，而声施于后世。此无他，自处于是而无所疑也。若宋之眉山苏氏父子，其有得于斯已也。苏氏之文章事业，峻增一世，洋洋千古，论者以为气之盛使然，独董中峰以为合乎道，诚知言矣。夫气亦未可尽恃，子舆氏以为配道而行焉可。惟圣人为能，敛气归德。下此者少以气为依倚，而无道以胜之，未有不流于轩轾衡角之私，以自即于决裂者。苏氏学有本源，一宗乎道。道则表章经术，无不是之言；权衡经济，无不是之行。故嘉祐之间，群贤在朝，父子兄弟有积中发外之休。即熙宁之间，事多纷更，屡触忌讳，而犹能抗斯道于崇论闳辩之中。识治乱于几先，规砚画于将然。在朝可也，在外可也，流离颠沛可也，垂涕泣而道可也，投闲处僻而饮酒赋诗可也。此道之为也，非独气之为也，故皆是也。夫合乎道而皆是，虽千古可以同归，况父子兄弟间，家学一本者乎！

余每读其书，想见其人，未尝不太息其当年不得尽所怀，而又服其历盛衰穷通而足以自得于道也。苏氏实眉人，壬寅岁，余来牧于眉，将访其遗迹而尸祝之。而眉之祠苏氏也，旧以其庐既毁于兵，蓬蒿中仅坡公遗像一，石帙二，并池水一曲而已！呜呼，此非称贤豪间者耶！顾使之与物同朽。前守以苏氏与鹤山魏了翁同祀，余憾其非专祠，乃令复祀于旧址。眉之人，亦思其流风不忘，乃胥从事，为堂一，寝室一，复结亭于池中，为神游衍。始于乙巳冬，及丙午秋，祠成。眉人乐前贤之不替也，而请记之。余因述所仰止之意，以附于辞，以见夫君子之处时遇，惟自求其是云。

简析：

文章以"君子惟自求其是"开篇和结尾，感叹三苏父子"忼慨直立于当时，而声施于后世"的超然气节和家学渊源。文章对三苏祠年久失修又毁于兵火表达了惋惜之情。从清康熙四年（1665）冬至康熙五年（1666）秋，赵蕙芽主持完成了三苏祠主体建筑的修缮。

金一凤——清代眉州知州

关键词：匾额　修志　碑刻

金一凤，山阴（今浙江绍兴）人，清康熙三十七年（1698）任眉州知州。他官任上廉洁爱民，新修学校和修缮学宫，对蟆颐观等眉山庙坛进行维修，编纂眉山地方志，开凿沟渠，建造桥梁。任职期间，他多次带领地方士绅遍寻山野，寻访苏家墓园，见墓地碑志剥蚀、苔封叶积，金一凤慷慨捐囊，修封土、筑墓地、建祠堂，使苏坟山得以保存。凡是对眉山有益的事，金一凤都勇作敢当，深受眉山人民的爱戴。民国《眉山县志》载：

金一凤,直隶监生,三十七年任州事,洁己爱民,兴学造士,开渠堰,凿险滩,修建学宫暨各坛庙,编刻州志,并造孔道桥梁,访昔贤冢墓,凡有益地方者无不勇为,州人至今尸祝。

■相关链接一:

"文峰鼎峙"匾

康熙甲申仲冬山阴金一凤题,乾隆辛未冬严江宋载书。

注释:

清康熙四十三年(1704)眉州知州金一凤题,清乾隆十六年(1751)眉州知州宋载补书。

峙:屹立,耸立。

▲ 文峰鼎峙匾

金一凤：山阴（今浙江绍兴）人，直隶监生，眉州知州。

宋载：建德（今浙江建德）人，拔贡，眉州知州。

康熙甲申：即康熙四十三年（1704）。

乾隆辛未：即乾隆十六年（1751）。

简析：

此匾盛赞三苏父子如文坛三座雄伟的高峰鼎足而立，相互辉映，雄视百代。

■相关链接二：

旧志序

金一凤

郡邑有志，犹国之有史也。然国史直书时事得失，风俗盛衰，是非臧否，多所褒贬。而志则有异于是。其大而贤才瑞美，细而齿革毛羽靡不悉载外，此皆略而不述。以示阛阓陇亩，使得有所景仰考见，而自不无微意存乎其间。夫眉自有宋迄今，文学千古声称六合，其秀壤相错山川都丽，尤宇内之所交推而川中之所莫及也。然而地以人传，故形胜不常者更产雕龙之彦，而四方好古之士，每闻风增慕不获亲见其人，咸欲乐观其迹，尚存什一于千百，俾采风者顾而陋之，大非前人立言立德之心，并失闾里雅意自好之愿，是以贩夫巷妇有卓越芳轨者，不妨并列若浮华是，尚亦有所不取也。前董牧有鉴于此，承离乱废弛后搜其轶响而寿之枣梨，不幸又灾于祝融，荡然一尽。于前既悼煨烬之缺，次于后复惧杞。宋之无征，今幸乐有同志者复罗而集之。其名山、古刹、传记、诗谣汇成一帙，然而杨恽之歌不登赵台之赋，不录觉规模亦粗有可观，与其湮没无传，孰若朴遨可据本。愿与二三硕望优游讲习，无如轮辕在左，不能悉张其洪纤巨细，各得其本末，重情至增而饰之，广而详文而明之以俟后之君子焉可。

康熙三十七年知眉州事山阴金一凤撰。

注释：

眉山有志，始于宋代，先后编撰有《通义志》《眉州古志》《江乡志》，明代有《眉州志》，可惜都未能流传下来。清代康熙二十四年（1685），知州董永荃开始招募有关人员编修《眉州属志》（共8卷），只可惜还未付印就毁于火灾。康熙三十七年（1698）知州金一凤来眉，再次组织人员重修，搜集整理资料，将名山、古刹、传记、诗谣汇成一帙，并撰写了《旧志序》。后因调任，终未成志。康熙五十四年（1715），知州张汉再次增补和考订，资料也较前完备，书成。直到乾隆六十年（1795），知州涂长发对董永荃创修，金一凤、张汉增修的志稿再次"增类补阙"，并于嘉庆四年（1799）在三苏祠设局修志，当年完成并付印。书名为《眉山属志》共十九卷，设天文、地理、职官、学校、典礼、赋役、兵防、水土、风土、选举、士女、艺文十二分志，是清代编写的最全的一部记载眉山历史沿革的志书。

■相关链接三：

柳州罗池庙迎享送神诗（节选）

韩愈

荔子丹兮蕉黄，杂有蔬兮进侯之堂。侯之船兮两旗，度中流兮，风泊之，待侯不来兮，不知我悲。侯乘驹兮入庙，慰我民兮不嚬以笑。鹅之山兮柳之水，桂树团团兮白石齿齿。侯朝出游兮暮来归，春与猿吟兮秋与鹤飞。北方之人兮为侯是非。千秋万岁兮侯无我违。福我兮寿我，驱厉鬼兮山之左。下无苦湿兮，高无干秔。稌充羡兮蛇蛟结蟠。我民报事兮无怠其始，自今兮钦于世世。

注释：

上文是唐代文学家韩愈的一篇散文，是应柳州官民之请所做的凭吊柳宗元的文章。全文意韵沉郁，情韵不匮，结构层见叠出，逻辑清晰。韩愈的挚友柳宗元，字子厚，河东（今山西运城永济县）人，是唐中期杰出的文学家、哲学家，唐宋八大散文家之一。罗池庙是纪念柳宗元的祠堂，因建于广西柳州马平罗池而得名。

柳州罗池庙迎享送神诗碑是苏轼在惠州时，应柳人的请求而书，碑的赞词部分用《楚辞》"骚体"风格来写的，因此称为柳州罗池庙迎享送神诗碑。此碑集韩愈的祭诗、柳宗元的事迹、苏轼的书法于一体，被后世誉为"三绝碑"，又号称"东坡第一碑"。柳州罗池庙迎享送神诗碑在三苏祠保存有两通：一为清代康熙四十年（1701），眉州知州金一凤所刻，碑高

2.2米、宽1.15米。碑最后有跋文："此苏文忠公柳州碑也，州牧金一凤谨勒于石"。后因剥蚀严重，字迹模糊不清；二为民国五年（1916），眉山人郭庆琮据"友人张幼泉所藏宋拓本双钩勒石"。

赏析：

此碑为苏轼楷书四大名碑中最晚的作品。碑字小者10厘米见方、大者20厘米见方，笔势开张，时出险笔，人书俱老，潇洒出格，绳墨不羁。后人评价：俊逸厚重，有凌然之势，非东坡莫属。

张兑和——清代眉州知州

关键词：匾额 "养气"

张兑和，字绣园，乌程（今浙江吴兴）人，举人，乾隆十五年（1750）任四川巴县知县，颇有政绩，乾隆十七年（1752）升迁为合州知州，乾隆二十年（1755）任眉州知州，一年后升宁远府知府，乾隆二十一年（1756）知达州。其任职基本是在四川，在眉山任职仅一年。民国《眉山县志》对其记载较为简略，但三苏祠飨殿悬挂的《养气》匾和妙语连珠跋文以及遒劲的书法，却是张兑和对三苏的景仰之情的完美表达。此匾是20世纪80年代三苏祠博物馆被国家文物局命名的中华名匾之一。

■ **相关链接一：**

养气

苏氏之学，以养气为宗。洛中兄弟之理，眉山父子之气，前人并论之矣，而斤斤者狃于洛蜀之见。余谓君子之学，苟有德于身心，有裨于家国，有补于纲常名教，虽圣人复生，亦将进诸訚訚侃侃之列矣。兑和登公之堂，有感于此，遂揭其为学之旨，以志景行。盖我公父子，学有本源。长公之言曰："《易》可忘忧，家有师"。次公之言曰："抚我则兄，

▲ 养气匾

诲我则师"。观其家庭授受之间，则我公父子之崛兴，有宋而陵越百代者，岂独文章名世也哉！乾隆二十年，岁在乙亥二月二十八日，吴兴后学张兑和拜书。

注释：

此匾为乾隆二十年（1755）张兑和题。

养气：气是指自然界寒暖、阴晴等天气现象，也指人体器官所发出的气息、呼吸等。苏氏父子所谓的养气，主要内容是热爱生命，完善人格道德，以实现高尚而有独立价值的人生境界。孟子曰："我善养吾浩然之气"，《苏轼文集序》："养存之于身，谓之气，见之于事，谓之节。节也，气也，合而言之，道也。"

洛中兄弟：即程颢、程颐兄弟。二人合称"二程"，河南洛阳人，北宋著名理学家和教育家。

程颢（1032—1085），字伯淳，又称明道先生。

程颐（1033—1107），又称伊川先生。

狃：因袭、拘泥。

訚訚侃侃：訚訚：和颜悦色地进行辩论。侃侃：理直气壮，从容不迫的样子。

裨：帮助、补益。

景行：高尚的德行。《诗经·小雅》："高山仰止，景行行止"。

乾隆二十年，为干支纪年的乙亥年，公元1755年。

简析：

此"养气"匾及跋文190字，昭示了苏氏父子为人治学之宗旨。特别是苏氏兄弟的政治主张和治学精神，不随声附和于王安石、司马光，特立独行，合于儒家之"道"。

三苏父子的学问，是以儒家"养气"为宗旨的。前人将宋代洛阳程颢、程颐兄弟倡导的"理"学和眉山三苏父子的"气"学，其相提并论，而眼光狭隘的人却拘泥于"理""气"的门户之见。我认为君子的学问，假如对身心有好处；对家庭和国家有裨益，对纲常明教有补正，即使圣人再生，也可以进入他们的行列并和颜悦色、从容不迫地发表自己的见解。我（张兑和）登上这供奉三苏父子的祠堂，对此深有感触，于是阐明三苏父子做学问的根本，以铭记他们高尚的德行。三苏父子的学问自有根源，苏轼说："读《易》可以忘记忧愁。父亲（苏洵）就是我的老师。"苏辙说："（苏轼）抚慰我时是兄长，教诲我时是老师。"观察苏家父子及兄弟相互传道、授业、解惑的关系，可以看出他们之所以崛起与兴盛，自宋以来便超越百代，又哪里仅仅是因为文章而著称于世呢？

▲ 苏洵像

何绍基——清代四川学政

关键词：快雨亭　东坡诗词四条屏　《谒三苏祠》诗碑

何绍基（1799—1873），字子贞，号东洲，别号东洲居士，晚号蝯叟，道州（今湖南道县）人，清代诗人，书画家，清道光年间进士，历任翰林编修、四川学政使等。著作有《东洲草堂金石跋》《惜道味斋经说》《说文段注校正》等，传世书法甚多。

清咸丰三年（1853），何绍基任四川学政使，五月来眉州巡视乡试（乡试即为考秀才），乡试的眉州考棚就设在与三苏祠一墙之隔的一个小院之中。在他的记忆中："眉州试毕，敬谒三苏，祠与试院仅隔一墙，因通门以便瞻憩。扃试时，仍闭之也。"三苏祠与试院之间的小门平时是关着的，只有在考试期间，为方便学子们拜谒和小憩才打开。何绍基也借此机会与眉州州守们宴集快雨亭，虔诚地拜谒了他崇敬的文学圣贤，并留下了"三苏祠"匾额、《谒三苏祠诗碑》碑刻、《书苏东坡词四首》书法四条屏、"快雨亭"匾额等。这些都为三苏祠增加了更加厚重的人文气息。

■相关链接一：

　　　　　　　　三苏祠

　　　　　　咸丰癸丑五月　道州何绍基

注释：

此匾出自何绍基《谒三苏祠》墨迹。

三苏祠：坐落于眉山城西南纱縠行内，原为苏家五亩宅院，元代改建为祭祀三苏的祠堂。明初扩建，明末毁于兵燹。清代康熙四年（1665）于原址重建。民国以来不断添建维修，延续至今。现为全国重点文物保护单位。

咸丰癸丑：即清代咸丰三年（1853）。

简析：

清咸丰三年（1853）五月，何绍基来眉州巡视乡试期间，虔诚地拜谒了三苏祠，他在《谒三苏祠》中写到自己冒雨来到眉州巡考，有幸住在先贤的祠堂里，祠堂西邻木假山堂，中间隔着一个小土包，竹径旁开设有一道小门，三苏先贤近在咫尺。作为仰慕圣贤的后辈，他瞻仰了东坡遗像还诵读了三苏碑文，坐看修竹，听潺潺流水。《谒三苏祠》表达了他对先贤的景仰之情。

▲ 三苏祠匾

■相关链接二：

谒三苏祠并跋

何绍基

（其一）

登州看云海，岭外借笠屐。春风西湖堤，大雪黄州壁。
坡仙旧游处，一一我留迹。微尚已半生，诗文书竹石。
谁期纱縠行，获近乔木宅。父子共一堂，森然动吾魄。
想见名二子，膝前授书策。不敢诵坡诗，恐被翁诃责。

（其二）

老泉平生学，精力萃礼书。机权经史论，词笔乃绪余。
或传或不传，有幸不幸欤。譬若汶江源，万象咸包储，
坡颖扬其波，汪洋赴归墟。愿告学古人，须识权与舆。
蟆颐老翁井，白云蔽坟庐。瓣香此虔跽，古柏森庭除。

（其三）

东坡与子由，双凤高其翔。同时富豪俊，几人能雁行。
文章合气节，固为百世望。乃其浩荡怀，得失皆两忘。
巢痕满台阁，春梦落蛮荒。尚友天下士，何处非吾乡。
有田竟不归，投老颍与常。惟余听雨约，魂魄在兹堂。

(其四)

冒雨来眉州，驻节三苏里。西邻木假山，中隔一垣耳。
开径乃设门，古贤亲尺咫。瞻像且读碑，看竹还听水。
主人能好事，酒行诗阵起。吾军气百倍，偕作竟摩垒。
看遍蜀中山，此乐才有几。鸿爪太匆匆，勉矣邦人士。

眉州试毕，敬谒三苏，祠与试院仅隔一墙，因通门以便瞻憩。扃试时，仍闭之也。廖仁甫直牧、陈恺人大令置酒木假山堂，即事有作。

咸丰癸丑五月，道州何绍基

注释：

何绍基来眉山视察乡试，眉州直牧廖仁甫、县令陈恺人在木假山堂设酒，何绍基即作了《谒三苏祠》，后勒石成碑，共六通。三苏祠博物馆碑廊中保存有两套刻石，一是清代刻石，碑文因年代久远而自然剥蚀，字迹漫漶不清；第二套刻石是在1985年由馆内书法家张斌参照《何绍基留蜀墨迹》进行修补，眉山名匠石刻家苏海云、赵汉儒师徒双钩描摹，精工镌刻而成的。

从跋文中可以看出，眉州考棚与三苏祠为一墙之隔，有一道门与之相通，即便是考试时，门也是关闭的。"扃"是从外面关门的闩，意思是门的开关是由三苏祠掌握的，也就是说，进入三苏祠，拜谒三苏是一件很郑重、严肃的事情。

简析：

何绍基在眉州考试完毕之后，应眉州主事们之邀，宴饮之余作《谒三苏祠》四首。译成白话文如下：

其一：苏轼，在登州观看云海而留下了脍炙人口的《登州海市诗》；在儋州《东坡笠屐图》的故事家喻户晓；两任杭州，治理西湖，苏堤春晓的美景如诗如画；在黄州4年，大雪日，雪堂落成，留下千年之雪堂余韵，赤壁三绝冠绝古今。东坡先生所到之处，我都一一寻访，虔诚拜谒。如今，我来到三苏故居纱縠行，见到了供奉三苏的祠堂，更是充满了敬畏之情。多么希望能见到当年苏洵亲授诗书的温暖情景，我何绍基冒昧了，不敢在三苏祠里诵读东坡诗词，自己才疏学浅，唯恐受到先生的苛责。

其二：苏洵用尽了毕生修《太常因革礼》，他的《权书》《衡论》《几策》以及经史之论见解独到，以布衣之身位列"唐宋八大家"。苏氏兄弟也秉承其学并将其发扬光大。只有游览了眉山蟆颐观和老翁井，世人才会理解苏洵与它们的不解之缘。我见到了苏洵墓地，对三苏家族更是肃然起敬。

其三：苏东坡和苏子由是眉山飞出的两只金凤凰，名震京师。当时的青年才俊又有几人能与他们相比呢？他们凭文章气节成为百世之师，胸中的浩然正气、心怀家国，使他们从不计较个人得失。尽管"致君尧舜"的理想与被贬谪蛮荒的现实存在反差，但天下的人们以他们为友，以结交他们为荣。"此心安处是吾乡"，他们随遇而安，因没能回归故里，兄弟不能常见，但有"夜雨对床"的约定，即使在万里之遥魂魄也能相聚。"与君世世为

▲ 快雨亭

兄弟，更结人间未了因"，他们的气节和兄弟情谊千古传颂。

其四：冒雨来到眉州巡视考试，有幸住在三苏祠里，眉州试院与三苏祠一墙之隔，仿佛与三苏父子近在咫尺。拜谒祠堂，诵读遗碑，看茂林修竹，听潺潺流水。眉州的主事们设宴款待，让我诗性大起，看遍了蜀中山水，真正产生兴致的能有几回呢？人生太匆匆，就像东坡先生所比喻的"雪泥鸿爪"。以此，与诸位共勉吧！

■ 相关链接三：

"快雨亭"匾及快雨亭

快雨亭

眉州试竣，宴集三苏祠，方值炎热，狂雨骤至，余与襄校诸君皆欢饮至醉。主人廖仁甫司马，陈恺人大令喜甚，属篆此额以记东，时癸丑五月十一日，次日即往嘉定矣。

道州何绍基

注释：

此匾为清咸丰三年（1853）何绍基题。

廖仁甫司马：司马，官名。清代称府同知为"司马"，廖仁甫时领眉州事。

大令：官名。秦汉以后县令一般称令，后来用作对县令的尊称。

东：东道主。此处指记录东道主宴集遇雨之事。

癸丑：即咸丰三年（1853）。

简析：

清咸丰三年（1853）五月，时任四川学政使的何绍基考察了眉州试院。十一日，何绍基受眉州执事者廖仁甫司马和陈恺人大令的邀请，宴集三苏祠荷塘畔的房屋中。时值炎热的夏季，主客们畅饮畅谈，以至于欢饮至醉，兴致盎然。一场骤雨突然从天而至，让人顿时感受到了东坡诗中的"雪飞炎海变清凉"的惬意，众人大呼，快哉！雨也！在何绍基的倡议下，这座房屋形式的建筑的名称——快雨亭由此而生。何绍基为此题写了快雨亭匾和跋文。

快雨亭悬挂有对联二副，其一为福建莆田人、嘉庆年间进士、官至礼部尚书的郭尚先撰写的"墨池烟润花间露，茗鼎香浮竹外云"，描述的是三苏祠内一种清雅的意境：墨池的云烟化成了露珠，滋润着芳香的花朵；茗鼎里煮着香茶，那阵阵的清香飘浮在修竹之上的天空之上。二是道光年间举人、清代诗联家陈钟祥撰联的"倘仙魄归来，湖山亦觉故乡好；与邦人偕乐，亭子何妨以雨名"。陈钟祥感叹苏轼热爱家乡，其魂魄无不时时萦绕在家乡的湖山胜迹，似杖履纶巾与乡人共乐。

■相关链接四：

书苏东坡词四条屏

其一：

水调歌头·黄州快哉亭赠张偓佺
苏轼

落日绣帘卷,亭下水连空。知君为我新作窗户湿青红。长记平山堂上,欹枕江南烟雨,杳杳没孤鸿。认得醉翁语,山色有无中。

一千顷,都镜净,倒碧峰。忽然浪起,掀舞一叶白头翁。堪笑兰台公子,未解庄生天籁,刚道有雌雄。一点浩然气,千里快哉风!

简析：

此词作于宋神宗元丰六年（1083）苏轼被贬黄州后,题为"黄州快哉亭赠张偓佺",张偓佺即苏轼的好友张怀民,当时也谪居黄州。张偓佺请苏轼到新修的亭宇一游,苏轼将其命名为快哉亭,苏辙作《黄州快哉亭记》。这首词有其独到的特色,它把写景、抒情和议论融为一体,表现作者身处逆境,泰然处之,大义凛然的精神世界,以及其词作雄奇奔放的风格。全词通篇描绘了亭上、江上所见之壮美景色,结尾借景抒怀,指出只有胸怀"浩然正气"的人,才能充分体会和享受自然之妙。

其二：

西江月·梅花
苏轼

玉骨那愁瘴雾，冰肌自有仙风。海仙时遣探芳丛，倒挂绿毛幺凤。

素面常嫌粉涴，洗妆不褪残红，高情已逐晓云空，不与梨花同梦。

简析：

此词作于宋哲宗绍圣三年（1096）十月，苏轼时在惠州。这是一首咏梅词，借梅以寄托对卒于七月的侍妾王朝云的哀悼。词中，苏轼塑造了在恶劣环境中保持玉骨仙风、不假修饰而天生丽质的梅花形象，借此惋惜王朝云的早逝，赞美她的高洁品格。本首词具有很强的感染力。

其三：

临江仙·夜归临皋
苏轼

夜饮东坡醒复醉，归来仿佛三更。家童鼻息已雷鸣。敲门都不应，倚杖听江声。

长恨此身非我有，何时忘却营营？夜阑风静縠纹平。小舟从此逝，江海寄余生。

简析：

此词作于元丰五年（1082），记叙词人在东坡雪堂（尚未建成）开怀畅饮，醉后返回临皋亭的情景。末尾二句，曾引起一场误会。据说，第二天谣传苏轼真的已"挂冠服江边，拏舟长啸去矣！"这就吓坏了知州，因为苏轼当时是被看管的"罪人"。知州赶到苏轼住处，发现苏轼"鼾声如雷"，还未起床，这才知道是虚惊一场。这首词体现了苏轼人如其文的鲜明个性，他放浪于山水之间，要从大自然中寻求美的享受，这反映了他的生活理想和精神追求。

注释：

清何绍基书东坡词四条屏，作于清同治二年（1863）。

款识：东坡词。为茸农前辈世大人雅鉴，癸亥暮春，侍何绍基。钤印二枚："何绍基印""子贞"。

所书为苏轼词三首：《水调歌头·黄州快哉亭赠张偓佺》《西江月·梅花》《临江仙·夜归临皋》。

整篇布局特别，第一首词书体较大，占四条屏中的第一条和第二条，后两首词占四条屏中的第三、第四条。同治二年（1863）时，何绍基已64岁，此作人书俱老，个性鲜明，堪称何绍基之力作。苏东坡的三首词均为苏东坡之代表作品，何绍基将苏东坡词书写赠送前辈，可见其对苏东坡的敬重。

▲ 书苏东坡词（何绍基）

李梦莲——清代眉山书院主讲

关键词：木假山　木假山堂

　　李梦莲，中江（今四川中江县）人，清道光年间眉山书院主讲。

　　清康熙四年（1665），眉州知州赵蕙芽重修三苏祠时，辟修木假山房，意在重置木假山。乾隆年间知州阎源清又重修木假山堂，杭州人宋凤起书写了"木假山堂"匾。道光十二年（1832），眉山书院主讲李梦莲在城南岷江边，发现一组乌木，其形状就像苏洵文章中所描述的那样。于是，李梦莲将木假山购回，置于木假山堂中。今悬挂于木假山堂的对联为陆游《木假山》诗中的摘句：书窗正对云洞启，丛菊初傍幽篁栽。此联表达了后人对三苏的景仰之情。清李宗传在《木假山诗并序》中道：

　　　　老苏木假山不可见矣。后之建祠宇者，以名其后堂，取木势之仿佛似者置其中，未见奇特也。中江李梦莲孝廉，主讲眉山书院，见异木于城南江浒，色黝质坚，三峰宛具，乃购归堂中，用梅诗韵纪其事。

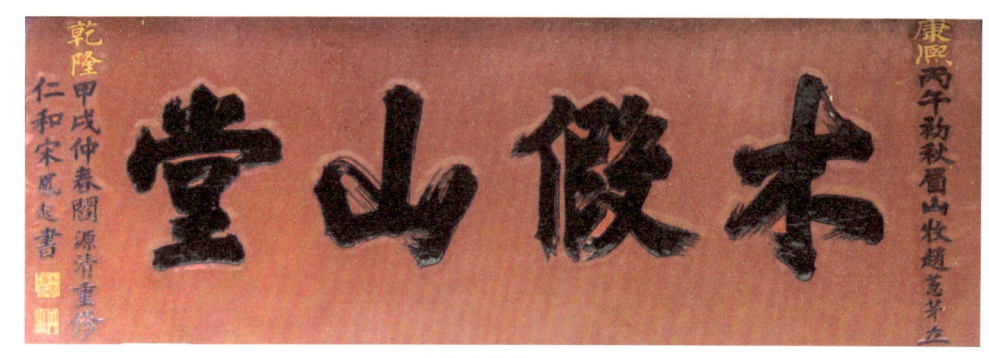

▲ 木假山堂匾

在苏家的故宅中，旧有木假山堂，其中的木假山为苏洵亲手设置，苏洵在《答二任五言二十韵》中说："庭前三小山，本为山中楂。当前凿方池，寒泉照谽谺。玩此可竟日，胡为踏朝衙。"宋仁宗嘉祐四年（1059）冬，苏洵父子南行赴京途中，友人杨纬又赠送了一组木山，苏洵将其放置在京城南园寓所中。苏洵在《木假山记》中写道："予家有三峰……予见中峰，魁岸踞肆，意气端重，若有以服其旁之二峰。二峰者，庄栗刻峭，凛乎不可犯，虽其势服于中峰，而岌然决无阿附意。呼！其可敬也夫！其可以有所感也夫！"意思是说，木假山的中峰魁伟高大，傲居放肆而意态端重，似乎要让旁边的二峰顺服。而旁边的两座山峰却峻峭挺拔，毫无屈从附和之态。有气节、不逢迎的木假山成为三苏父子精神的象征。后苏家离开眉山，木假山也不知所终。三苏祠木假山堂前的水池中一直有一个小方池，池中有一组小石山，或许就是苏洵《答二任五言二十韵》中提及的"庭前三小山"。虽然从民国时期的老照片上看不到池中小山，但在1959年成立三苏纪念馆后，建馆者们就设置了池中小石山。至今，三苏祠仍然有木假堂上为木假山，池中为石假山的构造。

■ 相关链接一：

木假山记
苏洵

木之生，或蘖而殇，或拱而夭。幸而至于任为栋梁，则伐；不幸而为风之所拔，水之所漂，或破折，或腐；幸而得不破折，不腐，则为人之所材，而有斧斤之患。其最幸者，漂沉汩没于湍沙之间，不知其几百年，而其激射啮食之余，或仿佛于山者，则为好事者取去，强之以为山，然后可以脱泥沙而远斧斤。而荒江之濆，如此者几何！不为好事者所见，而为樵夫野人所薪者，何可胜数！则其最幸者之中，又有不幸者焉。

予家有三峰。予每思之，则疑其有数存乎其间，且其蘖而不殇，拱而不夭，任为栋梁而不伐；风拔水漂而不破折，不腐；不破折，不腐，而不为人所材，以及于斧斤，出于湍沙之间，而不为樵夫野人之所薪，而后得至乎此，则其理似不偶然也。

然予之爱之，则非徒爱其似山，而又有所感焉；非徒爱之，而又有所敬焉。予见中峰魁岸踞肆，意气端重，若有以服其旁之二峰。二峰者庄栗刻峭，凛乎不可犯，虽其势服于中峰，而岌然决无阿附意。吁！其可敬也夫！其可以有所感也夫！

简析：

此文作于宋仁宗嘉祐三年（1058），当时三苏父子名震京师。苏洵受到朝廷重臣欧阳修、韩琦等人的赏识，却求官未遂，因妻子病逝而匆匆返川，心情十分郁闷。故借树木的种种不幸遭遇以隐喻自己遇到的艰难，并借木山的"魁岸踞肆""凛乎不可犯"抒发自己不肯屈己从人的气概。宋哲宗元祐二年（1087），苏轼在京城，为南园木假山作《木山，并叙》，叙中讲道："吾先君子尝蓄木山三峰，且为之记与诗。诗人梅二丈圣俞，见而赋之。今三十年矣。"梅尧臣《苏明允木山》曰：

空山枯楠大蔽牛，霹雳液落鱼凫洲。
鱼凫水射千秋蠹，肌烂随沙荡漾流。
唯存坚骨蛟龙镂，形如三山中雄酋。
左右两峰相挟翊，尊奉君长无慢尤。
苏夫子见之惊且异，买于溪叟凭貂裘。
因嗟大不为梁栋，又叹贱不为薪樵。
雨侵藓涩得石瘦，宜与夫子归隐丘。

苏轼《木山，并叙》曰：

木生不愿回万牛，愿终天年仆沙洲。
时来幸逢河伯秋，掀然见怪推不流。
蓬婆雪岭巧雕镂，蛰虫行蚁为豪酋。
阿咸大胆忽持去，河伯好事不汝尤。
城中古沼浸坤轴，一林瘦竹吾莸裘。
二顷良田不难买，三年枢木行可樱。
会将白发对苍巘，鲁人不厌东家丘。

明代杨慎评价道："大意言天之生材甚难，而公父子乃天之所与。如此切磋琢磨，自为师友，此公之所以自重，不偶然也。"

■相关链接二：

木假山歌并序

李梦莲

客秋游南城，江干见一物，轮囷离奇，大可蔽牛。讶为怪物，就视之，乃一古树根也。物色其主，购得之。辇至眉山书院之折桂亭，壁立嶙峋，不啻华山一角也。因效颦老苏，亦名曰木假山，置酒其下，以识欣赏。仍用梅圣俞韵，作木假山歌。

文梓鬼变成青牛，枯桑人语闻霜洲。
世间怪物能千秋，雷斧夜劈投江流。
龙啮蛟啮如锓镂，鲸牙鲲鬣争魁首。
太华一角巨灵擘，巇嶵撑探真殊尤。
执笏胜拜米颠石，饮客急典狐青裘。
大材不愿支梁栋，积薪岂肯同燎櫙。
峨眉熊怪且莫逞，对此仿佛登丹丘。

又，将送木假山至苏祠，歌以别之。

蛟宫摔出枯槎枒，黑摧朽骨堆龙蛇。

风雨鞭驱作山立，观者动色咸咨嗟。
神颠魂胁何精怪，撑突五岳争高大。
肩随难作兄弟行，仰止屡呼袍笏拜。
山人忽欲移家走，家具除山一无有。
奇谋竟欲挟山飞，叉手问山山曰"否！"
我不愿，巨鳌载我飞到神仙乡；
亦不愿，变作阎浮桃都去争乌兔光。
但愿文人爱我不弃掷，嶙峋长立君子堂。
今君别我去，各在天一方。
只恐孤立要遭伧鬼咤，风飘雨蚀谁为防。
坐令百岁以后此身等枯朽，将与飘蓬断梗化为飞土随风扬。
名誉既不著，歌咏又不彰。
徒然抱此囷离奇质，转使一山樗栎笑我如风狂。
感君顾盼意，仗君生辉光。
怅望千秋忽感慨，侧身四顾愁茫茫。
我闻眉山有老苏，珍爱木山如爱宝。
此山如得老泉看，胜他渤海看三岛。
回首便将山拂试，百夫辇至苏堂侧。
当时坡颍有精神，要对峨眉争雄特。
老榆向尔序甲子，瑞莲对尔夸颜色。
来历都从盘古猜，诗篇尽向石壁刻。
三足宁为夸父支，一角未许巨灵劈。
神物护持谁敢逼，夜半不须防有力。

▲ 木假山堂

长揖别山饮杯酒,眼前我算移山手。

山兮木兮愿尔身名长不朽,相期约到千秋后。

不须更羡人间几辈栋梁材,似尔风雅庄严供奉名山岂易有。

简析:

李梦莲罝木假山的寓意就在于"效颦老苏",以激励眉州学子们传承三苏父子精神。

弓翊清——清代眉州知州

关键词：刊刻《三苏全集》

弓翊清，中州（今河南郑州）人，进士出身，清道光六年（1826）任眉州知州，道光十二年（1832）再次出任。在两任眉州知州期间，他慈惠爱民，深受眉山百姓的爱戴，在他的诗歌中有许多反映民间疾苦的作品。他瞻仰三苏祠，祭拜三苏对三苏文献全面收集，历时十年刊行了《三苏全集》。这是对眉山，对三苏父子的最大贡献。民国《眉山县志》载：

> 弓翊清，河南郑州进士，六年四月二十六日莅任。十二年二月复任。慈惠爱民，学术湛深。著有田家诗百首，曲尽间阎疾苦，他所留题多具卓识。

三苏祠还保存了一通弓翊清撰写的《恭设赵少钝先生神位碑记》碑，文中记述了赵少钝在眉山的爱民事迹及其简略生平。

■ **相关链接一：**

清道光眉山刻本《三苏全集》

清道光眉山刻本《三苏全集》，为清道光十二年（1832）眉州知州弓翊清主持刊刻。《三苏全集》以苏家三代四人所撰诗文辑成，计二百零四卷，八十册。其中，苏洵《嘉祐集》二十卷，四册；苏轼《东坡集》八十四卷，四十六册；苏辙《栾城集》九十四卷，二十七册；苏过《斜川集》六卷，三册，合称《三苏全集》。初印本书高24厘米、广16厘米，框高19.5厘米、广14.5厘米，纸张为棉纸，色黄白、无簾纹。仿宋字体，字迹清晰，整齐，字浓墨色。第一页书牌记为"三苏全集"四个大字，第二页书牌记为"道光壬辰新镌，板藏眉州三苏祠"，此本是至宋以来对三苏作品收集最全的刻本。弓翊清在《补刻三苏全集跋》中说：

> 道光丙戌夏（1826），翊莅任眉州，瞻拜先贤祠宇，取旧刻三苏集而读之，颇病其草略未完，旦有以弥逢其阙。文忠公集，坊间印本极多，至以明允之《嘉祐集》，次公之《栾城集》，自明兵燹后无再镌者，数年之间蒐罗匪易。步辛卯（1831），乃得至泸州牧朱菽原箧中，邀宪山河，终获见面，母（毋）亦精英之气，应永其传。于豪梓之邦欤，爱，借钞一通，重付剞劂，至检阅习梓之事，则州人士力也。
>
> 　　道光癸巳年（1833年）三月，中州弓翊清跋

又据古晋后学任长庆《三苏全集原叙》载：

> 宇内经生家诵说三苏，多采择以裨公车，言而鲜有能尽

▲《三苏全集》（清代）

子瞻集之奇者，子瞻集外鲜有衰老泉之《嘉祐》，子由之《栾城》勒成苏氏一家言，以尽其父子兄弟之奇者。……今大中丞三韩蔡公少时喜读苏文，顾戎马间关，迄未得暇，寻以督抚视漕淮上，机务殷繁，章疏云集，一旦，思所为三苏者，寤寐见之。阳羡陈实庵太史，掉一叶轻凫，相与纵谈古今之业，慨然曰，予先君子任粤时，曾购得三苏全版，今年久剥蚀过半，公能校而补之，余当载以归公，贮之淮郡，流布人间。诚千秋盛事，于是公相顾狂喜，以为希世之珍。遂命某偕太史公董正之，而卷帙浩繁，篇章讹紊，鲁鱼亥豕，蒐剔良艰。令郡学博贡子，悉心雠校，历岁余告成眉山父子之文……

古晋后学任长庆撰

从跋文和原叙可以得知，明末战乱后，《嘉祐集》和《栾城集》几乎没有再镌刻,民间的印本多是苏轼的《东坡集》,弓翊清经过几年的搜集也未有收获。直至道光十一年(1831),弓翊清才在四川泸州(知州)朱菽原处寻找到了三苏善本,于是在道光十二年(1832)命当时的眉山书院负责组织雕版印刷,刊行了《三苏全集》。"古晋后学任长庆撰"《三苏全集原叙》称,阳羡陈实庵太史提供了其父在广东任职时所购得的"三苏全版"作为参考。因此,清道光新镌的《三苏全集》,以眉州刻本为基础、以泸州朱菽原藏本为补充、以广东购回的"三苏全版"做参校,再加上眉州刻工的精良技法,堪称眉州刻本的佳作。

《三苏全集》中有苏过《斜川集》六卷,三册。《斜川集》主要辑自《永乐大典》,也选用的是精良刻本。苏过,字叔党,号斜川居士,苏轼幼子,时称小坡,宋哲宗元祐年间任右承务郎。苏轼被贬海南,苏过侍奉其左右。苏轼去世后,苏过闲居颍昌十年。苏过四十岁时出监太原府税,又任颍昌府郾城县知县,宋徽宗宣和五年(1123)权通判中山府,皆有政绩。苏过擅长书法、绘画,著有《斜川集》。弓翊清在《斜川集》卷前另有跋语一篇,说明了收录苏过作品的原委。弓翊清非常敬慕三苏父子,对晚年曾生活在自己家乡颍川的苏辙和苏过更是有一种亲切的感觉,希望"此渊源以续宜附《斜川》,浩瀚无涯益钦《苏海》也"。对三苏文献"与党碑而芒灭欤"感叹不已!弓翊清跋语道:

> 刻莲花之炬,赏心者爱读鸿文。扬锦水之波,嗜古者争传轶事。而况贻谋忠孝,必有达人,名世子孙,岂无巨制。零章胜句,等诸笠屐之遗;镂雪裁风,犹是峨眉之秀。寓公

远徙，早滞他乡，而华表归来，眷怀故国。一堂星聚，绵井里之馨香，三代云联，成诗歌之盛举。此渊源以续宜附《斜川》，浩瀚无涯，益钦《苏海》也。想其趋庭学步，辟呼横径，捧研时多，人夸亲奕炙，拓笺日久。我羡专家拾珠玉之余辉，扬华绝俗，听埙箎之叠奏，奋藻惊天，极海穷边，望远而驰驱；烟墨清笳，晓角以思乡。而号召宫商，固已声叶三雍，名斋两赋矣。而画又寂寞，苦绪难申，蓬葆飘箫，深情谁告？手抄《前、后汉》，惜片纸之俱湮；胸贮中晚唐，恨奚囊之遭妒，在彼堂皇史册，空传贤嗣芳徽，怜兹板荡家园，莫观长君遗集。岂双丸遽擅随劫火以长焚；一帙无多，与党碑而芒灭欤？甚至影响存疑，镏珠辨伪，谓邮亭侣和韵，以刘过锦帙庄严，情同李代，遂致吉光终掩，窥豹无全。纵教信稿常留雕龙鲜，据阐幽。何日考左徒殷，则有漱石名流，吟香逸士，牙笺高列，识穷瀛海三千，蠹粉旁搜，穿尽尼珠八百。过长堤而寄慨，仰止仙风；叹羁客之淹留，倾心嗣乡。于是访求故纸，汇入丛书，世系周详，绝少豕鱼之谬；词场独擅，遥存弓冶之思。长言则字字华星，开卷则行行宝唾，匪特公才公望誉满人间，几疑古节古音风行天外。此又丹铅在手，染豪素以流传，利枣甘心，载灵光而勿坠者也。

　　翊清家近颍川，宦游岷岭。次公已往，曾追水竹芳踪；大姓几保，试询蚕丛父志，摩挲古碣，中多两宋科名；迁徙遗民，时话三苏谱系。立功立言之后，余事堪师；难兄难弟之家，极盛谁继？胜怀往昔，侈谈元祐之中兴，回望乡间，每忆象贤之令子。乃三生石畔，结来文字因缘，一尺冰衡，常露书生习气，桂湖秋晓，欣购异书；眉岭春浓，亲瞻遗像，宗工哲匠，应知玉出蓝田；木本水源，竟使珠还合浦。爰将旧刻，重付新刊。合祖孙父子为一编，驾汉魏齐梁而直上，珍藏坟物，从此俎豆全川，嘉惠儒林，仁见蒸当薄海矣。

翊清因人成事，渐无眠，手之劳，挹彼泛兹，幸免校雠之误，数万言幽

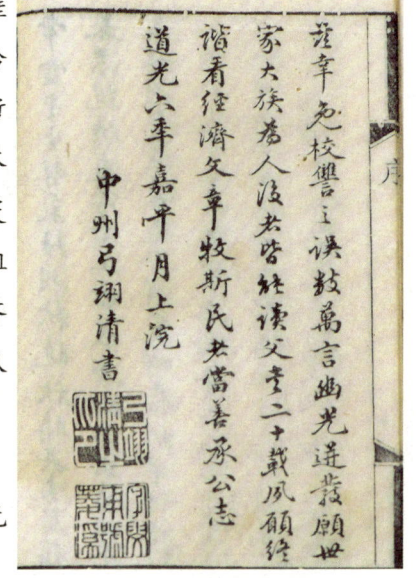

▲ 弓翊清跋文

光逆发，愿世家大族为人后者，皆能读父书；二十载夙愿终谐，看经济文章，牧斯民者当善承公志。

道光六年嘉平月上浣

中州弓翊清书

《三苏全集》的书版共有四千二百多块，镌刻完成后，全部藏于三苏祠木假山堂内。首卷前有"道光壬辰新镌，板藏眉州三苏祠"的牌记。书版在"文化大革命"前，仍保存在三苏祠内。"文化大革命"之初，全部书版被有关部门运往四川省文物管理委员会所在地（今成都昭觉寺）保存。"文化大革命"期间，这四千二百块珍贵的书版惨遭焚毁，让人痛心和遗憾。所幸的是，

此书流传较广,三苏祠博物馆收藏有多套,其中不乏名人藏本。

■ **相关链接二:**

恭设赵少钝先生神位碑记

弓翊清

道光十三(1833)年,余再篆眉山。嘉平年月朔三日,客有能致神者,设坛于署之西偏小斋……以吟咏。询其姓字,曰赵氏,号钝翁,前牧眉州者也。问:何以至此。曰:我生前有惠政于眉,现为邑……语余曰此,赵少钝先生也拈香载拜,问答如流,并赠余七律六首。口吻一若,生平可谓奇矣。盖先生……民瘼,养士气,口碑载道,至今犹传诵之。

州之东七里,旧有蟇颐堰,潴江水以资灌溉。乾隆四十年间,江水……成效,民甚惠之。五十三年,先生履任,丞遴公正、老成人为堰长,董理其事,清丈新增水田四万……剔除弊端,工程稳固。自此,江流顺轨,一劳永逸,其保护农田而收万世之利者如此。

眉山书院,向来无多肄业者。察先生酌盈济虚,拨崔家庵田地一分,以助薪水之资。每于课期,亲自披阅诗文,优者分别奖赏,于是争自濯磨,人才蔚起,其嘉惠士林又如此。记云:"有功德于民者祀之。"先生之于眉,功德昭昭,其为神也。宜矣,而无□何以示后,且恐历久而烟没无间也。遂于苏祠之西厢,虔设先生神位而表彰之,俾后之览者以为镜焉。先生讳秉渊,字实君,一字少钝。晚号退密,江苏上海县人。父讳文哲,号璞甬,以户部主事殉,木果木之难。先生由恩荫,补内阁中书,挑军机章京,授四川眉州牧新卫藏军务加知府衔,补重庆府知府……赏戴花翎,调成都府知府。时教匪未灭,复赴达州,即今之绥定府,总理团练加道衔,嘉庆九年卒于官,年五十有九,有退密诗存行于世。是为记。

道光十四年春三月署州事茂州直隶州牧北□城杨迦择敬立

简析:

赵少钝,名秉渊,字实君,晚号退密,上海人(清属江苏省),乾隆五十三年(1788)任眉州知州。清道光十四年(1834),眉州知州弓翊清再摄眉州事时,撰《恭设赵少钝先生神位碑记》,记述了赵少钝在眉山的爱民事迹及其简略生平。

张之洞——清代四川督学使

关键词：倡导修建云屿楼

　　张之洞（1837—1909），字孝达，号香涛，祖籍直隶南皮（今河北省沧州市南皮县），生于贵州兴义府，晚清名臣，清代洋务派代表人物，咸丰二年（1852）中顺天府解元，同治二年（1863）在其二十七岁时中进士，授翰林院编修，历任教习、侍读、侍讲、内阁学士、山西巡抚、两广总督、湖广总督、两江总督、军机大臣等职，官至体仁阁大学士。

　　张之洞早年是清流派首领，后成为洋务派的主要代表人物。在教育方面，他创办了自强学堂、三江师范学堂、湖北农务学堂、湖北工艺学堂、湖北武昌蒙养院、慈恩学堂、广雅书院等。在政治上，他主张"中学为体，西学为用"。在工业上，他创办了汉阳铁厂、大冶铁矿、湖北枪炮厂等。光绪三十四年（1908）十一月，张之洞以顾命大臣晋太子太保，次年病卒，谥文襄，著有《张文襄公全集》。张之洞与曾国藩、李鸿章、左宗棠并称"晚清中兴四大名臣"。

　　同治和光绪年间，张之洞曾担任浙江乡试副考官、湖北学政、四川乡试副考官、四川督学使。张之洞任湖北学政时，整顿学风、建立经心书院、提拔、奖励有真才实学的人，颇得众望。他任四川学政时，与四川总督吴棠一起在成都建立尊经书院，延请名儒分科讲授；仿照阮元杭州诂经精舍、广州学海堂的例规，手订章程，并撰写《輶轩语》《书目答问》两本书，以教导士子应读什么书、应怎样做学问以及提升修养品德等。

光绪元年（1875），四川督学使张之洞来眉山时，拜谒三苏并主持修建云屿楼。此楼位于祠内来凤轩东，坐北朝南。此楼为重檐歇山式，台梁式梁架，一楼一底，面阔三间，进深三间，通高约12米，小青瓦屋面。楼的南、西、北三面临水，是祠内古建中唯一的一座楼。东、南、西三面阶沿下有红砂石铺旱池，池边有石栏杆。1982年李长路补书"云屿楼"匾额，刘孟伉亦题写楹联一副："谁吹孤鹤南飞笛；人唱大江东去词"。云屿楼南面为瑞莲东池，池上抱月亭和绿洲亭也是在张之洞的主持下修建的。抱月亭在瑞莲东池的东北角临水边，有小桥与池岸相通，是六角攒尖式小亭，亭高约8米。抱月亭之名取自苏轼《前赤壁赋》名句："挟飞仙以遨游，抱明月而长终"。亭上有四川籍书法家刘东父1979年题写的"抱月亭"匾额，亭门柱上悬挂有刘东父集东坡诗句撰写的对联："多情明月邀君共；无主荷花到处开"。绿洲亭，又名水竹轩，在瑞莲东池南端的一小岛上，为攒尖式草亭，亭高约6米。亭上有广东籍书法家黄铸夫于1982年题写的"绿洲亭"匾额，亭中有四川籍书法家徐无闻于1978年集东坡诗句撰写的对联："要使名驹试千里；更邀明月作三人"。绿洲亭与抱月亭在瑞莲东池上遥相呼应，从池畔的竹径回廊绕至云屿楼，即可见两亭一楼与瑞莲东池构成的苏祠东岸景观。

名人与三苏祠

▶ 云屿楼

▶ 抱月亭

张之洞为何要修建此楼，而且要以"云屿"命名呢？据说当时张之洞写有一篇《云屿楼记》，文章中应该有此说明吧！可惜他的文章没能流传下来，民国《眉山县志》中有一篇《云屿楼始末》，对此有一些说明：

楼为清同治丁丑年张文襄督学至眉筑。俟题名作记，迄四十余年不得。方别求拟作，适无锡许同莘来函征文襄遗稿，云："文襄旧有眉山苏祠云屿楼记，及门遍求不获，特函托劝学所抄寄。"不知眉人犹扫石敬待也。然讵无故云尔，或文襄原有拟作，尚未饷眉。楼临大池北，决水环绕，玉翠万竿护其外，名以云屿，信非亲至其地者，不能臆撰。文襄殁有年矣，忽从万余里外，飞函揭示其名，文襄真未忘此楼哉！惟其记不可得，聊为志其名之始末，庶几不没其意云。

民国十一年八月九日书

这篇文稿中称"楼为清同治丁丑年张文襄督学至眉筑""同治丁丑"在时间表述上有误，事实上，同治在位期间并无"丁丑年"，光绪三年（1877）为丁丑年。但在1979年维修云屿楼时，在房屋的正梁上书为"光绪元年"，即1875年，这应该是最为准确的时间。而史料记载，张之洞此时正任四川督学使，其任职时间与此楼建筑时间是一致的。

毛隆恩——清代眉州知州

关键词：维修眉州试院　墓葬

　　毛隆恩，字季彤，丰城（今江西丰城县）人，监生，光绪八年（1882）任眉州知州，光绪十二年（1886）复任。毛隆恩是一位清正廉明的好官，当他了解到，二十年来，户税积弊甚重，而官吏们还要另收"戥头"，百姓无处诉求时，毅然剔除了这一苛捐杂税，并对这一决定立案、刻石，明令宣告。毛隆恩礼尊名士宿儒，对眉州考棚进行维修，著有《眉州考棚试院培修记》，光绪十六年（1890）卒于眉山任上，葬于眉山。民国《眉山县志》记载：

　　毛隆恩，字季彤，江西丰城县监生。八年二月二十五莅任。十二年复任。清简慈惠，慎于任人。时户科积弊甚重，于人民完纳正供外，每户苛派银一钱八分，名戥头，官胥窃其羡余，上下相蒙，阅二十年不革，州绅李燧上诉系省狱，民苦无告。隆恩问知其弊，毅然与民刬除，集绅算绩，解耗杂费定一六征收，详请立案，勒石仪门。培修学宫，尊礼耆宿。行政持大体不察，察为明。卒任，葬眉。士民哀悼，为醵金，立遗爱祠。

■相关链接一：

眉州考棚试院培修记

毛隆恩

眉州自嘉庆十一年，州牧梁公敦怀，以人文蔚起，请设考棚，始建试院于州之苏祠。□□美哉。始基，其规模盖宏□矣。余莅任即届州考，住试院者累月，凡其经□周□□□识之。因历年既久，其中有宜葺治者，有宜更易者，有昔日所无，而今□□□默识与心。以甫下车未遑及也，逾两载。政之烦者，以理爰集，都人士义举，试□之□□踊跃，暨所属各邑咸筑与捐募，共积千金有奇。乃设吉鸠工□□，以诸生主其事。凡所欲为，皆与诸生谋定而后授之工师。自光绪戊子（1888）孟夏肇工，润八月，工乃成之。日属诸生而觞之，因等其功之难易。佥曰，是役也，若堂，若构，若号舍，皆因其□□加葺治功之次也。若两棚、若工给所之，橡屋数间，皆昔日所无。而新加添补功□，在外之墙恒。周围数十亩，旧皆土筑，卑仅及肩，进皆更易之，而筑以砖石。□亦过□尤钜也。余曰，培修之与创造有间矣，起难者其若此。然无论功之难易，皆次第卒成之。士民急公尚义，故能不惮烦劳，而成功如此。其速也，将来科名鼎盛，□鸟与宋可□□下之矣。余故因首事诸君子之请，序其事，并志期望之厚意云尔。

知眉州事丰城毛隆恩撰并书

大清光绪十五年（1889）岁次己丑五月吉日立

简析：

清嘉庆十一年（1806），眉州知州梁敦怀"以人文蔚起"为由，请求设立眉州考棚，即眉州乡试试院。试院就设在三苏祠旁，与三苏祠一墙之隔。其规模宏大，环境也很优美。保存于三苏祠内的《眉州新建考棚记》碑，在2006年"眉州古考棚"考古调查中被发现，文中记载了嘉庆十一年（1806）新建考棚的始末。咸丰三年（1853）五月，四川学政使何绍基专程来眉州视察眉州试院情况，用诗文记录了当时眉州试院考棚的情况和具体地点。可见，近五十年后，眉州试院依旧是眉州学子踏上科举之路的必经之地。到了光绪十五年（1889），开设了近百年的眉州试院已破败了许多，毛隆恩上任后，在试院暂住了几个月之后，开始筹资对眉州考棚进行维修，维修内容主要是培修和新增了考棚的房屋、加固了围墙等，通过此举，毛隆恩希望能迎来"科名鼎盛"的时代，眉山能出更多的人才。试院培修完毕之后，毛隆恩作了《眉州考棚试院培修记》一文，并勒石立于考棚内。

新中国成立之后，虽废除了科举考试，但眉州试院的旧址一直都被作为学校场地来使用，当时的眉山县城关第一小学就开设在此，20世纪80年代后改名苏祠中学。而直到20世纪70年代，学校的大门仍然沿用清代考棚大门，显得十分古朴和厚重。2006年，学校搬迁，考棚旧址移交三苏祠博物馆，现辟为三苏祠碑廊，陈列有关"三苏"和眉山历史、祠堂沿革等的碑刻140余通。《眉州新建考棚记》碑和毛隆恩撰写了《眉州考棚试院培修记》碑也位列其中。古考棚保留了清代至民国年间留存的围墙，见证了眉州试院的百年历史。

■相关链接二：

题蟆颐观

毛隆恩

蟆颐入望色葱茏，东渡玻璃第一峰。
蓬勃桑麻经雨润，崔巍楼阁倩烟封。
山灵毓秀三苏盛，水利源开百代宗。
当日我曾逢白蟹，至今传说是仙踪。

简析：

  蟆颐观在眉山城东四公里的岷江东岸。因山形似蛤蟆之颐而得名。蟆颐山林峦特秀，蟆颐观幽静清雅，自唐代以来，就是眉山的名胜之地，"蟆颐晚照"为眉山八景之一。蟆颐山下的岷江一段，水流平稳，江水清澈透明，被称为玻璃江。南宋时，眉州知州魏了翁修扩建江乡馆，筑望江楼。夜登望江亭，俯瞰玻璃江，皓月临江渚，玉宇尽清辉，仿佛进入了仙境，因此有了眉山八景之一的"江乡夜月"。蟆颐观是苏轼、苏辙郊游踏青的好去处，兄弟俩分别写下了《踏青》《和子由踏青》等诗。历代歌咏蟆颐观的诗句甚多，如南宋陆游《醉中怀眉山蟆颐旧游》，明代眉州知州许仁《题蟆颐观》，清代洪成鼎《老人泉》，刘庭植《咏蟆颐》等。

  在蟆颐观大殿台基下正中有一处高2米3，宽1米7，深7米的洞，洞口石壁上镌刻"仙翁胜境"。下石梯三十阶有一清泉，泉水从石缝中流出，涝不溢、旱不枯，其味甘甜、沁人肺腑。康

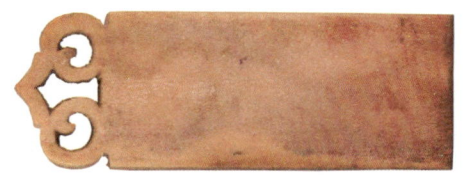

▲ 毛隆恩象牙印章（清代）

熙六年（1667），眉州知州赵蕙芽手书"老人泉"三字刻于洞口岩石上。相传，洞中有象征吉祥的白蟹不时从石缝中爬出，偶尔有人得见。从诗中可知，毛隆恩就是有幸人之一。

■ **相关链接三：**

毛隆恩墓及其随葬物品

毛隆恩从光绪八年（1882）至光绪十二年（1886）两任眉州知州，光绪十六年（1890）在眉州任上去世，前后有八年之久，为什么毛隆恩没有归葬故里？据说是因为毛隆恩的清廉，家人无力承担扶灵柩返乡的费用；也有说是因为眉山的百姓爱戴的，眉山百姓为毛知州筹资修建了遗爱祠，其故址在今眉山市东坡区大北街小学附近，民国时期还保留着，今已不存。毛隆恩及夫人合葬墓在原眉山县正山口乡大跃进水库边（今眉山市东坡区秦家镇），墓基长 30 米、宽 20 米、

▲ 毛隆恩玉质印章（清代）

▲ 毛隆恩玉质印章（清代）

通高20米，均用红砂石垒砌。墓碑镌刻"光绪庚寅冬十有二月，毛公季彤府君暨嵇恭人之墓"，墓砖是专门定烧的，铭文为"大清光绪庚寅冬十有二月置""四川眉州直隶州知州毛隆恩暨嵇恭人之墓"。墓葬曾经被盗，其随葬物品追回后保存于三苏祠博物馆。这位清官的随葬品除了朝珠和官帽外，就只有几枚印章和夫人寥寥无几的首饰而已，真的是两袖清风。

在眉山，有一个有关毛隆恩举行下葬仪式的传奇故事。

据说，在毛隆恩下葬仪式前，阴阳先生事先选定了一个特别的时辰，什么时辰呢？就是"金鸡唱，鱼上树，马骑人"三个要素同时齐备的时候。金鸡高歌、鱼儿上树、还有马骑在人身上，这些简直就是不可能发生的事情，更别说是在同一个时辰中出现，只有期盼奇迹出现了。就这样，时间过了一天又一天，到了第三天，十里八乡的百姓络绎不绝地赶来为知州送行，大家更想亲眼见到这黄道吉时。上午，整个墓葬周围早已被围得水泄不通了，大家都在等待。时间已快到中午了，有一个打渔的人，在人群中挤来挤去，实在是挤不动了，索性就爬到树上去看，把鱼篓也挂在了树上。阴阳先生一看，这不就是"鱼上树"了吗！人群中又来了个看热闹一个木匠，居然把自己的工具木马扛在双肩上，阴阳先生一看，这不就是"马骑人"吗！正在这时，猛听得一声枪响，山后一只锦鸡惊叫着飞过墓地，这不就是"金鸡唱"吗！霎时间，一切巧合都出现了，阴阳先生立即喊道："吉时已到！"毛隆恩知州在吉时中入土为安，永远长眠于眉山。这虽然只是传说，但从中可知毛隆恩的政声。

毛隆恩墓出土的随葬品有玉带扣一副,玉牌一件,玉质和石质印章数枚,朝珠一串,还有其夫人的玉镯两对、玉簪一件等。其中有方形印章7枚,印章铭文分别为:臣隆恩印、丰城毛氏季彤、毛隆恩印、季彤印信、季彤、季彤(尺寸不同)、覃卿小印。有长条形印章2枚,分别刻有:眉山主人、季彤。还有一枚玉质圆柱形印,铭文为"季彤上言"。这就是毛隆恩的全部家当,爱民清廉的知州毛隆恩,是眉山百姓心中的"眉山主人"。

▲ 毛隆恩寿山石印章(清代)

黄云鹄——清代四川盐茶道

关键词：对联　寄题三苏祠壁碑

黄云鹄（1819—1898），字芸谷、翔云、缃芸，蕲春（今湖北蕲春县）人，北宋黄庭坚裔孙，咸丰三年（1853）进士，曾任四川盐茶道，官至清廷二品大员，晚清著名学者。一生著述甚丰，有多部著作传世。他为官清廉正直、执法严谨、不畏强暴，被世人誉为"黄青天"。他后辞官返籍，潜心经学、书法，曾任两湖、江汉、经心三个书院院长，是晚清重臣张之洞的密友。著作有《归田诗抄》《学易浅说》《清画家诗史》《益州书画录续篇》等。其编纂的《粥谱》流传甚广。

黄云鹄《寄题三苏祠壁》碑刻石保存于三苏祠碑廊。另有对联一副悬挂三苏祠东厢房。

■相关链接一：

　　　　静者所怀相与无与；
　　　　贤哉其乐自然而然。

　　　　　　　　　　　　祥人黄云鹄

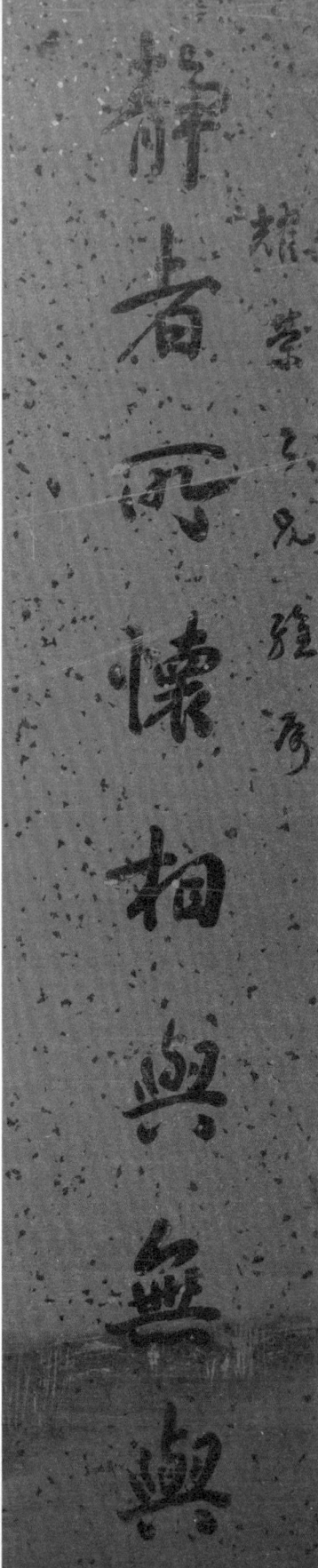

▶ 黄云鹄对联

注释：

此联为光绪十年（1884）黄云鹄撰书。

静者：安详的人。这里指对佛、道有研究，对人生有感悟之人。

相与：相互结交、交好。《吕氏春秋·慎行》："为义者则不然，始而相与，久而相信，卒而相亲"。相与无与，即是说静者忘却俗念，与社会有无交往都觉得无所谓，顺其自然而已。

赏析：

宋代士大夫多习儒、释、道，苏轼也不例外。此联赞苏轼处逆境能随遇而安，顺其自然。

■ **相关链接二：**

寄题三苏祠壁

黄云鹄

先是云鹄巡建南累年，眉故所隶，思一往谒三苏祠，迄未果。比奉讳东归，泊眉城外，蒲伏水次，不敢登谒，尝为文遥祭三公。自念德业无可为公告，惟耿耿孤衷，忧国勤民之私愿，与不知为身为名之拙枕，微公无与诉。且学公父子文字，自知不能到。平生笃爱长公《易传》，以为在诸注家右。宜解者，解之；易解者，但存经文，不薄来者，愚后人。

曾誓于长公,愿养拙蕲山,参订卒业。洎服阕入都,重还蜀。甫下车即走谒,长吏觉出迎,虑烦供亿,一拜遂行。游峨山绕道,反复念前誓未践,参订《易传》亦未卒业,强颜再出,使居累年,旧业坐废,殊不堪对三先生。而眉之士大夫,以云鹄所在有爪痕,乞留题祠中,伐石以俟。不得已书此应之。盖景仰之怀,望古内惭之感,与玻璃江上水,终古无尽也。

时大清光绪甲申初冬,蕲州黄云鹄谨记

简析:

黄云鹄为黄庭坚裔孙,清代文人,对三苏之景仰由来已久,在四川担任建南道按察使期间,多次想来三苏祠拜谒,但未能如愿,"参订《易传》亦未卒业",只得书写祭文遥祭三苏父子。《易传》即《东坡易传》,是东坡为《易》所作的注释,虽名为《东坡易传》,实际上是由苏洵开始注释、东坡最终完成的作品,凝聚着三苏父子对《易》的理解和诠释。《寄题三苏祠壁》写于光绪十年(1884),65岁的黄云鹄终于如愿以偿地来到眉山三苏祠,拜谒了心中景仰的三苏先贤。

《寄题三苏祠壁》黄云鹄撰文并书,后勒石,共四石,存于三苏祠碑廊。

顾印愚——清代"斗方名士"

关键词：集东坡诗句对联

顾印愚（1855—1913），字印伯，一字蔗孙，号所持，又号塞向翁，四川华阳人，光绪五年（1879）举人，官任湖北汉阳县令、武昌通判。他能诗文，善集名家诗句为楹帖；善书画，有晋唐遗风，其大字有唐代褚遂良和宋代米芾的书风，行书多魏碑意致，跌宕起伏，饶有金石之趣；画多小品，精雅过人，又能篆刻，故有"斗方名士"之誉。尤其是晚年间，其临习苏帖，对东坡神妙之笔领悟颇深。顾印愚与绵竹县杨锐（戊戌六君子之一）同致入仕，也同为湖广总督张之洞的入室弟子，时"杨、顾"并称。

顾印愚当年来过三苏祠吗？是否以张之洞弟子的身份跟随而来？只可惜没有记载，史料缺失。但他集东坡诗句撰写的楹联却保存下来，大多作于光绪二十三年（1897）至二十四年（1898），有悬挂于来凤轩的"诗成桦烛飘金烬，天雨曼陀照玉盘"，悬挂于百坡亭的"酒后剧谭犹激烈，花前归思自飞翻"，悬挂于消寒馆的"试倾潘子错著水，上有桓元寒具油"。苏轼的诗有2700百首，要从中寻找出对仗工整的诗句集成对联，并非易事。苏轼曾对友人道："街谈市语，皆可入诗，但要人镕化耳"。镕化的最好办法就是熟读和理解，顾印愚能将苏轼诗句运用自如、集句为联，可谓承袭了苏轼的"镕化"之功。

■相关链接一：

集东坡诗句

顾印愚

诗成桦烛飘金烬；

天雨曼陀照玉盘。

注释：

此联为清光绪二十四年（1898）顾印愚集苏轼诗句书成。

诗成桦烛飘金烬，出自苏轼《次韵景文山堂听筝三首》：

其一

忽忆韩公二妙姝，琵琶筝韵落空无。

犹胜江左狂灵运，空斗东昏百草须。

其二

马上胡琴塞上姝，郑中丞后有人无。

诗成桦烛飘金烬，八尺英公欲燎须。

其三

荻花枫叶忆秦姝，切切幺弦细欲无。

莫把胡琴挑醉客，回看霜戟诸公须。

名人与三苏祠

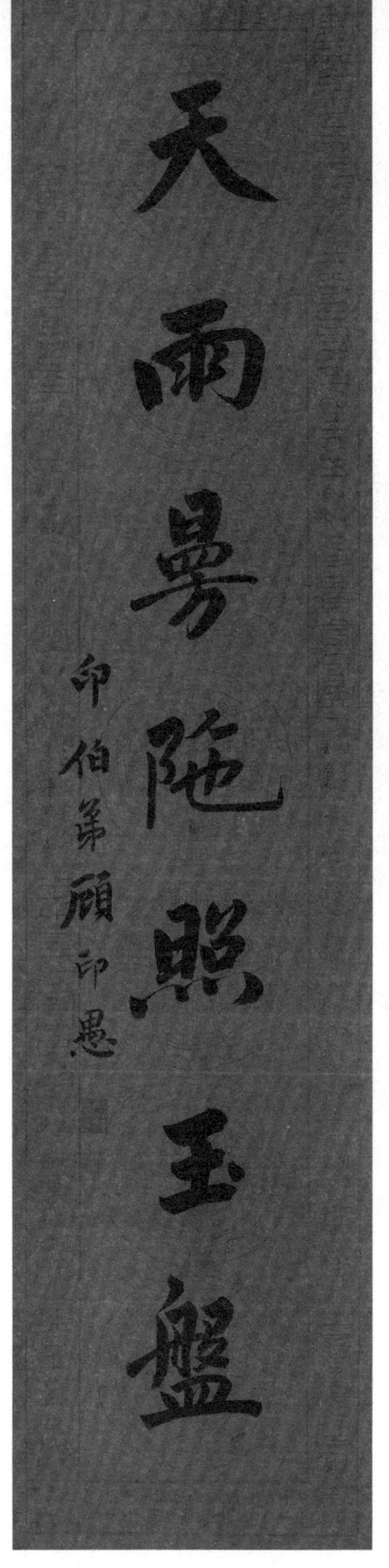
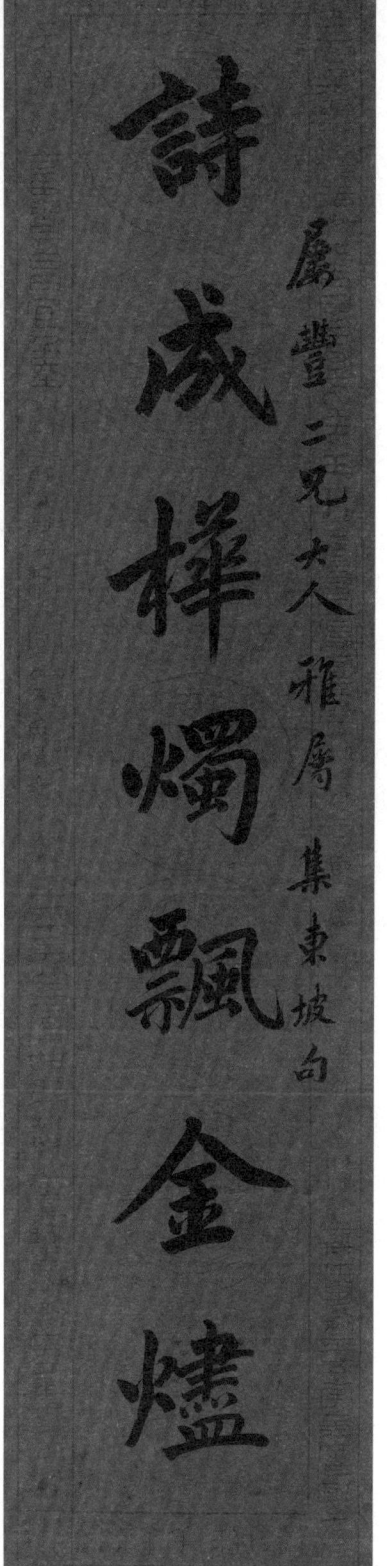

顾印愚对联

此诗作于宋哲宗元祐五年（1090），苏轼时在杭州知州任上。

景文即苏轼好友刘季孙,字景文,开封府祥符(今河南开封)人。

桦烛：用桦木皮卷蜡而成的烛。

金烬：烛火燃完。金，烛花。烬，火烧后的残余物。

天雨曼陁照玉盘，出自苏轼《游太平寺净土院，观牡丹中有淡黄一朵，特奇，为作小诗》：

醉中眼缬自斓斑，天雨曼陁照玉盘。

一朵淡黄微拂掠，鞓红魏紫不须看。

此诗作于宋哲宗元祐六年（1091），苏轼离开杭州路过常州时，与友人同游太平寺观赏园中牡丹。

曼陀：即曼陀罗，花名。梵语音译。意译为白团华、悦意华等。《阿弥陀经》："昼夜六时，天雨曼陀罗华。"

玉盘：喻此诗所咏淡黄色牡丹。

鞓红：牡丹花之一种。欧阳修《洛阳牡丹记》："鞓红者，单叶深红花；出青州，亦曰青州红。"

魏紫：牡丹花之一种。欧阳修《洛阳牡丹记》："姚黄、牛黄、左花、魏花以姓著"。又"魏家花者，千叶肉红花"。

简析：

新诗吟就，桦烛也已燃尽；明月朗照，仿佛曼陀罗花在漫天飘飞。此联赞美苏轼诗作已达到最高的艺术境界。

■ **相关链接二：**

旧集东坡句书寄

酒后剧谭犹激烈；
花前归思自飞翻。

光绪戊戌初夏　顾印愚

注释：

此联为清光绪二十四年（1898）顾印愚集苏轼诗句书成。

酒后剧谭犹激烈，句出苏轼《陪欧阳公燕西湖》：

谓公方壮须似雪，谓公已老光浮颊。
𩰚来湖上饮美酒，酒后剧谭犹激烈。
湖边草木新着霜，芙蓉晚菊争煌煌。
插花起舞为公寿，公言百岁如风狂。
赤松共游也不恶，谁能忍饥啖仙药。
已将寿夭付天公，彼徒辛苦吾差乐。
城上乌栖暮霭生，银釭画烛照湖明。
不辞歌诗劝公饮，坐无桓伊能抚筝。

此诗作于宋神宗熙宁四年（1071）九月。这年六月，苏轼的恩师欧阳修以观文殿学士、太子太师致仕回到颍州（今安徽阜阳）。

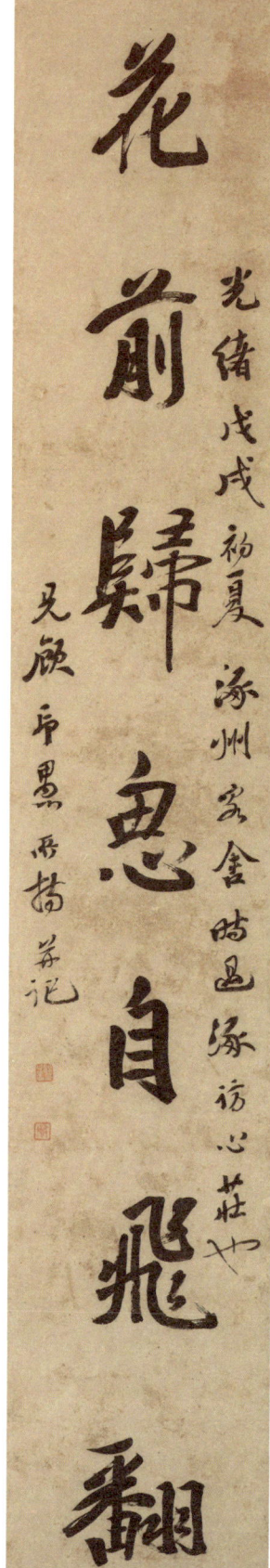

顾印愚对联

苏轼赴杭州上任时，途径此地，前往拜见。苏轼参加了欧阳修在颍州西湖上的宴饮雅集，在苏轼的眼中，恩师虽年老而精神不衰，谈话和讨论时还是那么豪放激烈，禁不住"插花起舞"为恩师贺寿，希望老师能永远快乐和健康。

燕：通"宴"。

谭：通"谈"。

花前归思自飞翻，出自苏轼《雅安人日次旧韵二首》之一：

> 人日滞留江上村，定知芳草怨王孙。
> 题诗寄远方挥翰，扶杖登高独出门。
> 柳色忍看成感叹，花前归思自飞翻。
> 浮阳披冻虽才弄，已觉春工漏一元。

此诗作于苏轼在儋州时，具体时间不详，大致是苏轼遇赦北归途中。"雅安"疑似南安之误。主要依据是《年谱》的记载："庚辰人日，先生在儋耳，作七律二首。五月，闻赦。六月，渡海北归。明年辛巳，度岭，正月五日，过南安军。"则《次韵人日》诗，当作于此时。但雅安地名无可考，恐是南安之伪，存疑矣考。"

归思：归家的念头。

人日：每年农历正月初七称为"人日"，又称人节，是中国古老的传统节日之一。

光绪戊戌：即光绪二十四年（1898）。

简析：

上联描绘苏轼酒后谈笑风生，情绪激昂的豪情；下联是说苏轼观花赏景之余思念故乡，不觉心潮澎湃。

■ **相关链接三：**

旧集东坡句戏为

试倾潘子错著水；
上有桓元寒具油。

光绪丁酉二月　顾印愚

注释：

此联为清光绪二十三年（1897）顾印愚集苏轼诗句书成。

试倾潘子错著水，出自苏轼《刘监仓家煎米粉作饼子，余云：为甚酥？潘邠老家造逡巡酒，余饮之，云：莫作醋，错著水来否？后数日携家饮郊外，因作小诗戏刘公，求之》：

野饮花间百物无，杖头惟挂一葫芦。
已倾潘子错著水，更觅君家为甚酥。

元丰七年（1084）三月，苏轼带着一家老小到黄州城外游玩，想起了自己在黄州结识的朋友刘监仓和潘邠老，有感而作此诗。刘监仓，名唐年，黄州主簿。潘邠老，名大临，福建人，后举家迁居黄州。

名人与三苏祠

顾印愚对联

上联：试倾潘子错著水

下联：上有桓元寒具油

错著水：诗中的"为甚酥"和"错著水"分别为一种饼子和酒的名称，是苏轼在黄州的朋友自家制作的。因为饼子很酥脆可口，苏轼就问："为甚么这么酥脆？"主人说不出所以然，于是，这无名的饼子就叫"为甚酥"。同样，朋友的酒水兑多了，有点酸，苏轼问是否多兑了水，此酒遂得名"错著水"。

上有桓元寒具油，出自苏轼《次韵米黻二王书跋尾二首》：

三馆曝书防蠹毁，得见来禽与青李。
秋蛇春蚓久相杂，野鹜家鸡定谁美。
玉函金钥天上来，紫衣敕使亲临启。
纷纶过眼未易识，磊落挂壁空云委。
归来妙意独追求，坐想蓬山二十秋。
怪君何处得此本，上有桓玄寒具油。
巧偷豪夺古来有，一笑谁似痴虎头。
君不见长安永宁里，王家破垣谁复修？
元章作书日千纸，平生自古谁与美。
画地为饼未必似，要令痴儿出馋水。
锦囊玉轴来无趾，粲然夺真疑圣智。
忍饥看书泪如洗，至今鲁公余《乞米》。

此诗作于宋哲宗元祐二年（1087）八月，苏轼在京城任职时，有幸参与皇家书画风凉，见到了书圣王羲之珍贵的《来禽帖》《青李帖》，也见识了"野鹜家鸡"各异书风。他感叹皇家藏品"玉函金钥"的精美装潢和"紫衣敕使"的管理严格,最后用"巧取豪夺"典故戏谑米芾。因此,纪昀评价:"意注本题,先盘远势,东坡惯用此法"。

米芾(1051—1107),初名为黻,后改芾,字元章,号鹿门居士,又称海岳外史,世称米南宫。祖籍山西太原,后迁居湖北襄阳。米芾是宋代著名书画家,且痴迷书画收藏。《韵语阳秋》载:"米元章书画奇绝,从人借古本自临拓、临竟,并与临本、真本还其家,令自择其一,而其家不能辨也。以此得人古书画甚多。东坡屡有诗戏之"。米芾的临摹以假乱真,他用这种"巧取"的手段得到了许多古人书画。

诗中的"桓元",应该是"桓玄"之误,即东晋名将桓温之子,桓玄字敬道,一字灵宝,东晋末年桓楚政权的建立者。桓玄有一个最大的爱好就是收藏书画。南宋王十朋引《续晋阳秋》记载:"桓玄好蓄法书名画,客至,常出而观,客食寒具,油污其画,后遂不设寒具。"寒具,即馓子,也有记载称为环饼。桓玄请客人欣赏书画,同时又品尝寒具,以至于寒具上的油污染了画。

光绪丁酉年:即清光绪二十三年(1897)。

简析:

苏轼诗中"错著水""为甚酥""寒具"都是酒食之类的平常之物。对联一方面表现出老饕东坡对美食的喜爱和与友人的情谊,另一方面则折射出他随遇而安、乐观旷达的超然态度。

赵藩——清代川南道按察使

关键词：诗文　对联

赵藩（1851—1927），字樾村，一字界庵，白族，云南剑川人，学者，诗人，书法家，光绪年间举人，光绪十八年（1892）起任四川酉阳知州、盐茶道、川南道按察使等。在四川宦游十五年，他秉公办事，被老百姓称之为"赵青天"。1911年，受蔡锷之请，他回云南参加辛亥革命和护国运动，后任云南省图书馆馆长。赵藩一身著述颇多，有《介庵楹句集抄》等诗词楹联著述，总纂《云南丛书》等书籍。

赵藩非常钦佩苏轼的人品和才华，从光绪十八年（1892）到四川酉阳直隶州任知州起，任职四川十五年，三苏祠是他常来的地方，三苏祠前厅悬挂的名联"一门父子三词客，千古文章四大家"就是赵藩书写的。

据赵藩的第五子赵和甫的回忆文章，抗战期间他来眉山探亲时，见到在三苏祠飨殿悬挂的是其父赵藩的"题眉州三苏祠"对联和《谒三苏祠》诗文，十分感慨！

题眉州三苏祠
赵藩

曾闻父子入京师,倾倒天下贤豪,一日声名鹏奋起;
何碍儿孙迁汝颍,消受里中香火,千秋魂魄鹤归来。

谒三苏祠

玻璃江上系征航,旧宅来寻纱縠行。
梁益之间名父子,韩欧而外大文豪。
未烦手酹三蕉叶,略识心倾一瓣香。
临去踟蹰频回首,老榕修竹满斜阳。

赵和甫还回忆到,在宣统二年,也就是公元1910年,父亲六十岁了,在朝廷获准其致仕的乞求之后,因仰慕苏轼才学和人品,希望以三苏为邻,就在原眉山县城东马草街购得旧屋一处,内有一小庭院,带领全家人居住在此,父亲十分高兴这一住处与苏家故居纱縠行毗邻,将自己的小屋命名为"苏邻别墅",又命名小园为"过园",全家于宣统二年(1910)的二月十三日入住小屋。欣喜之余,父亲还赋诗寄给远在云南的友人,诗云:

息我风尘况瘁身,数椽老屋得辛勤。
敢方漫叟浯溪宅,聊结坡仙纱縠邻。
花竹故墟绕秀野,琴书家什只贫寒。
寄拿粗定行归去,先作书缄报老亲。

"聊结坡仙纱縠邻"中的"纱縠"就是三苏故居(三苏祠)所在的街道名。赵藩以苏为邻的愿望得以实现。之后,因为父病逝，赵藩才举家返回云南，此屋转借亲友，日久废弃。

为苏轼祝寿的"寿苏会"，是历代文人学士表达对东坡先生的景仰的一种特殊的方式，赵藩就是其中之一。寿苏会的历史最早可追溯到苏轼生活的年代。

北宋神宗元丰五年（1082）12月29日（农历腊月十九），是苏轼45岁的生日，这位在黄州忙着开垦耕作，养家糊口的文人，当天却收到了一份惊喜。据《苕溪渔隐丛话》记载，苏轼与他的朋友郭遘、古耕道来到黄州郊外，他们"置酒赤壁矶下，踞高峰，俯鹊巢"，在郊游聚会酒兴正浓时，江面上突然传来短笛之声，所奏之曲目和悠扬的笛声让友人们都有遇到知音的感觉。他们对苏轼说："笛声有新意，非俗工也！"意思是笛声很有新意，不是一般人能吹奏得来的。众人都很好奇，于是让人去打听，原来是进士李委特地作了一首新曲《白鹤南飞》为苏轼贺寿。于是，他们将李委邀请到聚会中，这位青巾紫衣、腰间别着短笛的儒生又即兴吹奏了几支曲子，那笛声"嘹然有穿云裂石之声，坐客皆引满醉倒"。笛声由悠扬转成了昂扬，让在座的众人都陶醉其中。这时，李委拿出了一幅上好的纸，恭敬地对苏轼说："吾无求于公，得一绝句足矣。"苏轼很高兴，随即挥毫题诗：

山头孤雁向南飞，载我南游到九嶷。

下界何人也吹笛，可怜时复犯龟兹。

因为进士李委的身份不详，《苕溪渔隐丛话》记载的这则故事的真实性无法考证，但陌生人或者说是素不相识、素昧平生之人为苏轼祝寿，发生在苏轼被贬官之时，其意义非同小可，这开启了寿苏活动的肇端。文人学士、苏氏宗亲以及崇拜者们举办的各种形式的学苏、寿苏活动延续至今。清代著名学者翁方纲家中藏有友人画的《李委吹箫图》，并自题有《十二月十九日拜坡公生日题钱裴山所作＜李委吹箫图＞》诗，其中有"穿云一曲横江笛，只乞坡翁幅小诗""即今腊雪盆梅际，犹和穿云裂石声"等诗句。眉山三苏祠自元代改宅为祠以来，祭祀活动已持续近700年了。

赵藩首次举办寿苏会是在光绪十二年（1886），也就是苏轼诞辰850周年，在集萃轩与"莲湖吟社"的诗友们，以诗词酬和的形势为东坡先生祝寿，赵藩作了一篇古风，表达了对先生由衷的景仰之情。

诗曰：

大峨仙人翩然归帝乡，但见奎宿天上森光芒。
当时命官苦磨蝎，肯信更千百卉文苑常称觞。
西陂一老举此礼，弁山制府覃西学士南北遥相望。
嗟余生晚不逮见，耿耿一瓣同心香。
前年赤壁俯栖鹘，吊公迁谪浮轻舠。
紫裘腰笛之客纱何处？如闻鹤南飞曲风里犹悠扬。
今年翠海结吟社，胜侣不数秦晁张。
置酒为公作生日，趋拜遗像抬由房。
金线鱼肥糁羹滑，铜炉华烛屏帏光。
瞻公天人姿，醉公冰雪肠。
公心豁如见，公迹不待详。
生平遭逢谤誉，一觉春梦耳。
完此忠孝大节，亘古何堂堂！

撒手悟入佛三昧，不贪不坏真金刚。

可怜俗士但能尊词章，即论艺事谁颉颃。

道妙所寓能兼长，碧鸡金马蟠青苍。

惜哉玉斧轻划疆，绁幽凿险欠公巨灵手。

天意乃以留待新都杨，持较笔力呼已尪。

我知公神如水在地罔不到，安见今夕不骖鸾凤来徜徉？

诸君和歌锵琳琅，酒龙诗虎争腾骧。

阴云四合雨雪雱，梅花压檐冻不僵。

我诗涩缩欲写还复藏，修髯落落公在旁。

诗中赵藩将苏轼称为"大峨仙人""天上奎星"，自己因仰慕而一直在追随先生足迹，今年在翠海结社为先生贺寿以表达景仰之情。虽说是第一次举办"寿苏会"，但这并不是赵藩第一次参加"寿苏会"。"寿苏会"在赵氏家族是有家传色彩的，早在同治七年（1868），赵藩18岁，赵家举家避乱居住在丽江巨甸时，伯父赵立庵曾举行"寿苏会"，赵藩第一次参加，虽然没有写诗文。在当时动乱时期，伯父仍举办"寿苏会"，这对赵藩产生了极大的影响。

赵藩与"寿苏会"：

1889年，入京路过贵阳，参加了友人举办的"寿苏会"。

1890年，与友人在爽楼举行"寿苏会"。

1892年，在北京松筠庵寿苏，题章刺史所藏东坡像。

1895年，在直隶酉阳寿苏，题友人《坡公品砚图》诗。

1897年，在万县土税局四印斋举行"寿苏会"。

1903年，在泸州官运总局寿苏。

1904年，在泸州官运总局颐园寿苏。

1905年，在泸州巡道署小停云馆寿苏。

1906年，在泸州官运总局颐园寿苏。

1912年，在昆明白石庵寿苏。

1918年，在穗交通部德有邻堂寿苏。

1919年，在穗交通部德有邻堂寿苏。

1920年，广州南社友人和赵藩旧题寿苏诗。赵藩感和。

1921年，在昆明频罗室寿苏。

1922年，在昆明抱膝堪寿苏。

1923年，在昆明寓所诗境轩举行文宴寿苏。

1924年，在昆明寓所诗境轩寿苏。

从光绪十二年（1886），至民国十四年（1925）三十八年间，他在自己为官之地和家乡寓所等，举办了不同形式的"寿苏会"十七次，这或许是中国历史上持续时间最长的寿苏会。七十五岁那年，赵藩还将自己历年来的寿苏诗录编为《寿苏集》，并序曰：

> 同治戊辰，余年十八，举家避乱于巨甸，先世父立庵先生，授徒难弯番寺，举寿苏之会，小子获侍，然无诗也。其有诗自光绪丙戌昆明集萃轩社集始，厥余所至多举此会，有诗有和诗，余诗幸存，而和诗多佚矣。今裒录为一集，存数

十年之泥鸿爪印,中间沧桑之巨痛,出处之大概,略见于诗,亦不忍弃置地也。

乙丑春三月十七日,石禅老人记于昆明寄庐之诗境轩

十七次的"寿苏会"、编录历年寿苏诗集,赵藩对苏东坡的景仰和崇拜可以说是一生的事。

■ **相关链接一:**

一门父子三词客;
千古文章四大家。

注释:

此联无款识。据记载,撰联者为清代张鹏翮,清代赵藩书。

张鹏翮(1648—1725),号宽宇,字运青,四川遂宁人,清代名臣,康熙九年(1670)进士,历任浙江巡抚、吏部尚书、两江总督、江南学政、河道总督等,雍正时期官拜文华殿大学士,时称"清官""贤相"。著作有《遂宁张文端公全集》。

三词客:词客,指诗人、文人。

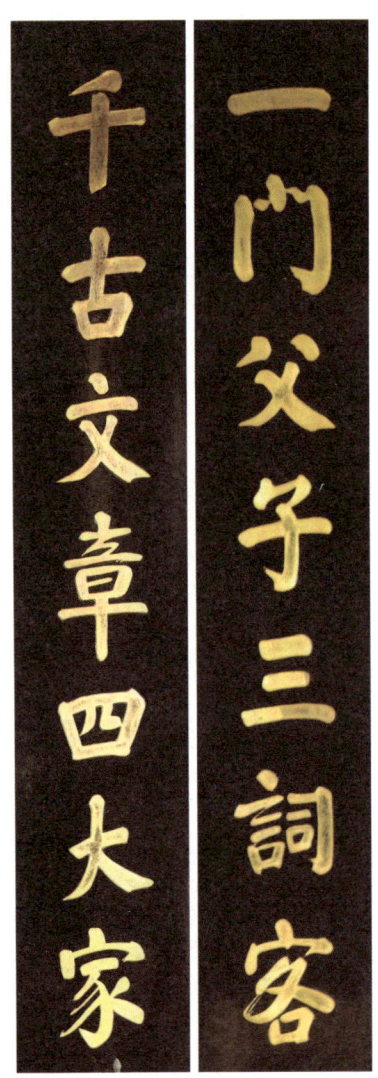

▶ 赵藩对联

此指苏洵、苏轼、苏辙。

四大家：即唐代韩愈、柳宗元，北宋欧阳修、苏轼四位新古文运动的领导人物。

简析：

此联高度评价了三苏父子，尤其是苏轼在文学史上的地位以及卓越的文学成就。

■ **相关链接二：**

题眉州三苏祠

曾闻父子入京师，倾倒天下贤豪，一日声名鹏奋起；

何碍儿孙迁汝颍，消受里中香火，千秋魂魄鹤归来。

注释：

入京师：北宋仁宗嘉祐二年（1057），苏洵携二子苏轼、苏辙进京应试，苏氏兄弟双双考中进士，仁宗皇帝称之为"宰相之才"。欧阳修、韩琦也称赞他们为"旷世奇才"。苏洵的文章轰动朝野，父子三人名震京师。世称"三苏"。

鹏奋起：比喻像大鹏鸟一样展翅高飞。庄子《逍遥游》："鹏之徙于南冥也，水击三千里，抟扶摇而上九万里。"

汝颍：指河南汝州（今河南省汝州市）与颍昌（今河南省许昌市）。苏辙晚年隐居于颍昌，其子孙以及苏轼的子孙们也随之迁居于此。颍昌境内的郏县小峨眉山安葬着苏轼、苏辙及其儿孙们。而苏洵夫妇及苏轼前妻王弗安葬于眉山。两处墓地均称"苏坟山"。

里：古代一种居民组织，此处泛指家乡。

此联为清代赵藩"题眉州三苏祠"，但史料和赵藩《介庵楹句集抄》等诗词楹联著述中，未记载具体撰联时间。

从20世纪60年代起，三苏祠的飨殿或其他建筑上均未出现过该对联。2002年本地书法家杨星全补书了此联，悬挂在三苏祠内南堂。2013年雅安芦山发生地震，三苏祠受灾严重；2015年3月，三苏祠开始了百年以来的大维修；2016年2月17日，维修工人在清理剔除前厅门楣上"文献一家"匾额背后的油漆时，发现了一块长约2米，宽约50厘米的楠木板镶嵌在板壁上，上面的字迹清晰可见，就是赵藩"题眉州三苏祠"的上联，联文"曾闻父子入京师，倾倒天下贤豪，一日声名鹏奋起"缺了"鹏奋起"三字。

该对联书体为行书，是否为赵藩本人书写，不得而知，一是没有找到下联，二是前厅的对联为楷书，无法从书体上辨识。但如果按赵藩之子赵和甫的说法，该联就应该是赵藩本人书写的。如果是这样的话，是什么时间书写的？残存的半副对联有书写时间，可以辨识的是"光绪□□三年二月"，研究人员依据赵藩在四川的任职时间，推断书写时间为"光绪二十三年"，即1897年。2014年，三苏祠博物馆邀请了吉林大学博士生导师、吉林省书法家协会副主席丛文俊补书了此联，该联现悬挂于三苏纪念馆大门。

简析：

三苏父子入京师名震天下，倾倒天下贤豪，唐宋八大家占三席，其声名如大鹏展翅，奋飞而起；苏氏兄弟虽安葬于今河南郏县，但这并不妨碍他们的魂魄驾鹤飞回故乡，同父亲苏洵一道接受乡人的顶礼膜拜。

■ **相关链接三：**

谒三苏祠

玻璃江上系征航，旧宅来寻纱縠行。
梁益之间名父子，韩欧而外大文豪。
未烦手酹三蕉叶，略识心倾一瓣香。
临去踟蹰频回首，老榕修竹满斜阳。

注释：

玻璃江：眉山属岷江流域，因其境内的河水清澈、水势平缓，又称玻璃江。陆游《披风榭拜东坡先生遗像》诗中有："蜿蜒回顾山有情，平铺十里江无声"。明代眉州知州许仁的《眉山八景诗》之《江乡夜月》："玻璃江畔着亭台，前辈迎宾特地开。今日独留明月在，夜深时送画船来。"清代王士祯《谒三苏祠》诗："蟆颐山色腴不枯，玻璃江水如醍醐"。

纱縠行：宋代眉山蚕丝经营集散地。縠：有皱纹的纱。苏轼曰："先夫人僦居于眉山纱縠行"。三苏祠坐落于眉山城西南纱縠行，为苏家故居。苏轼曰"家有五亩园，幺凤集桐花"，庭院内"有竹柏杂花丛生满庭",有古井、瑞莲池、南轩等。

梁益:指蜀地。蜀汉有梁、益等州,因此并称。晋代张载《剑阁铭》:"勒铭山阿,敢告梁益"。此处指代四川。

蕉叶:一种饮酒器,俗称蕉叶杯。起源于战国的"羽觞",形状像小船或像小勺子,是宋代人喜爱的酒具之一。苏轼曰:"吾少年时望见酒杯而醉,今已能饮三蕉叶也"。

踟蹰:心里犹豫,要走不走的样子。此处指心存景仰而依依不舍、十分留恋。

老榕修竹:指三苏祠的榕树和竹子。榕树,三苏祠南大门旁有一株老榕树,据传是当年苏洵手植榆树的地方,榕树在生长壮大的过程中,渐渐包裹了千年榆树,长成了参天大树,成为三苏祠的标志之一。修竹,三苏祠祠堂为"三分水,二分竹"的岛居风格。苏轼诗曰:"宁可食无肉,不可居无竹,无肉使人瘦,无竹使人俗"。在祠堂清雅的环境中,茂林修竹、小桥流水,使三苏祠园林成为川西园林的典范。

简析:

沿岷江乘舟而下来到眉山,寻访东坡故居纱縠行。名震京师的三苏父子是四川的骄傲,是继韩愈、欧阳修之后的大文豪,唐宋八大家占三席。置酒祭祀三苏,愿三苏父子千秋万代永馨香。面对苏祠的老榕树,斜阳下的茂林修竹,无限留恋,久久不舍离去。

名人与三苏祠

近现代篇

陈国栋——民国军旅文人

关键词：维修苏祠　对联

陈国栋，字益廷，四川郫县人，中华民国北洋政府陆军将领。1918年担任四川陆军第二师辎重旅旅长，1924年晋升为陆军中将，领上将衔，担任中央军31师师长。1925年他脱离军界后，担任四川盐运使署盐运使，在成都从事公益事业和慈善救济活动，民国二十九年（1940）任四川省参议员。

民国是中国历史上一个重要时期，军阀混战是这一时期最主要的特征之一。据《培修眉州三苏祠记碑》记载，当时的三苏祠"自宋迄今数百年矣，沧桑兵火，万事都非，是祠纵存，亦不过风雨一椽，葩草一庭，图书一楼已耳"，而且"频年用兵，师行所至，官私房舍，动苦摧残已成惯例"。三苏祠虽未经历大的战乱，但不断有军队驻扎，加之年久失修，已呈现破败景象。民国七年（1918）陈国栋率军驻眉山时，睹物思贤，"慨然有志于培修"，在陈国栋的主持下，三苏祠从民国七年（1918）秋季动工维修。至民国八年（1919）仲春，历时三季，完成了消寒馆、启贤堂等主体建筑的修缮，还包括祠堂东面的抱月亭、绿洲亭（原名水竹轩）、云屿楼（原名东坡楼），祠堂西面的洗墨池（洗砚池）、快雨亭、披风榭等亭台楼阁的维修。此次维修还包括为祠内的荷塘淘淤泥，重新栽种荷花美化环境等。"行见莲叶接天，荷葩映日，骚人墨客，聚集于斯"，三苏祠又呈现出昔日古朴典雅的风貌，"所谓绿杨城郭，大好河山，皆饶有天然画意，亦一巨观也"。维修后的三苏祠作为驻军司令部，不对外开放。

这是三苏祠在民国年间的最大规模的一次维修，为此，陈国栋诚邀曾在邻县彭山任职的范天烈撰写了《培修眉州三苏祠记》一文，傅荣一书写，勒石成碑，碑石现保存于三苏祠耳房碑亭。

陈国栋在驻扎三苏祠期间，身临其境，感慨良多。他以一位军旅文人的特殊情怀撰写的一副长联，表达了对东坡先生的景仰之情。此联至今悬挂在三苏祠飨殿正面的山墙柱上，为三苏祠的名联之一。上联为：参谒觉殊迟，公昔辅宋摅忠，媲美韩欧，仅慕英风披大箸；下联为：从戎嗟太早，我愿投戈讲艺，再携铅椠，来游此地拜先生。

■相关链接一：

参谒觉殊迟，公昔辅宋摅忠，媲美韩欧，仅慕英风披大箸；
从戎嗟太早，我愿投戈讲艺，再携铅椠，来游此地拜先生。

戊午旧历秋九月
陈国栋敬撰并书

注释：

戊午旧历秋九月：即民国七年（1918）。

摅忠：表达忠心。摅，表达、发表。

英风：才能出众、远见卓识的风采。

披大箸：披，翻阅；大箸，伟大的著作。箸通"著"。

铅椠：古代书写用具。铅，用铅粉制成的笔，用以书写；椠，竹简、木简之类的书写文字的板片。

简析：

对联从两个方面表达了作者对东坡先生的景仰之情：一方面，作为一名军人，他钦慕东坡先生那种辅佐宋朝、忠心为国的精神，更赞叹东坡先生优美的文章可与韩愈、欧阳修比肩。另一方面，面对战乱频仍，他毫不掩饰地叹息自己的军旅生活浪费了光阴，情愿弃武从文，重新拿起笔来做学问，拜东坡先生为师。

■**相关链接二：**

培修眉州三苏祠记

蜀中山水甲天下，嘉阳而外，以眉山为最秀，老泉父子生长其间，文章气节，贯绝古今。不独彪炳当时，抑且声施后世也。天烈去春权知彭山，与眉接壤。闻眉旧有三苏祠，恒心焉向往之。无何，改委雅安，旋调蒲江。虽仍与眉为邻，然较彭山稍稍远矣，益廷陈公驻军是邦，慨然有志于培修，来书嘱之为记。烈虽不敏，因得略窥乎祠内结构之情形，与夫此次培修之始末，不啻亲身而目睹焉。此岂初愿所及料哉！

特自宋迄今数百年矣，沧桑兵火，万事都非，是祠纵存，亦不过风雨一椽，菹草一庭，图书一楼已耳。其能保霜露之不剥蚀，樵苏之不斫伐，有是理欤？况反正以还，频年用兵，师行所至，官私房舍，动苦摧毁已成惯例。岂有著名胜向无人居，而谓有不籍张戎幕，取度军储，其谁信之！益廷陈公有监（鉴）于是，乃本高山景仰之思，作起废振衰之举。于戊午季秋动工培修，次年仲春始行告竣。

是役也，经始于消寒馆，蒇事于启贤堂。由堂而东，有抱月亭，有水竹轩，有东坡楼一楹。楼俯临东垣，修竹亭亭，绿阴如梦，渭川千亩，淇澳万竿，不是过也。由堂而西，有洗墨池，有快雨亭，有披风榭。榭之上亦有楼一楹，登楼遥望，麟塍秀壤，悉在目前。所谓绿杨城郭，大好河山皆饶有天然画意，亦一巨观也。由堂而南可东可西，周围旋绕，粼粼焉，皱皱焉。或架以木桥，或通以回廊，取便往来壮游观者。噫！此何地哉！瑞莲池是也！尝考《尔雅》，莲之种类至多，一名蘥荷芙蕖，盖莲即荷也。故谓荷叶曰莲叶，荷花曰莲葩，其名异而实则同。兹独称为瑞莲者，凡莲葩开皆一色，此则红边而白心，以其迥异于它莲，故特称为瑞莲云。

嗟乎！天下事有盛必有衰，有废必有兴，是祠也，使不遇益廷陈公，倾者扶之，毁者培之，随方而逐圆，补偏而救敝，易世而后，安知不变为破瓦颓垣，至与荒烟蔓草同，深悲叹也！是则，三苏之名虽传，三苏之祠且朽矣，讵非人间一大可恨事哉！今则不然，既淘汰淤泥，以使其深。复移植根荄以使之匀。行见莲叶接天，荷葩映日，骚人墨客，聚集于斯。吾想益廷陈公必环顾左右而乐之曰："美哉莲乎！盍为我浮一大白。"

永川范天烈撰简阳傅荣一书
中华民国八年仲夏上浣

简析：

眉山是四川最为秀美的地方之一，更出了"文章气节，贯绝古今"的三苏父子，三苏祠是人们心中向往的地方。对三苏祠的维修和园林景观进行整治，是希望昔日的古祠堂重新拥有"莲叶接天，荷葩映日，骚人墨客，聚集于斯"的盛况。

余安民——民国眉山专员

关键词：《三苏祠保护布告》碑

余安民，民国时期第四区行政督察专员，他的生平详情不为人知。但在眉山，他为让三苏祠不受战乱滋扰而尽的保护之力，却永远记载在眉山的历史上，这一切要从民国二十五年（1936）的三通"三苏祠保护布告碑"说起。

1935年至1936年间，时任国民政府军事委员会委员长的蒋介石亲率中央军入川，在四川建立行辕，同时在峨眉山成立军事培训班，并亲自督学。中央军却借机入川并驻扎下来，其中国民革命军十七师入驻眉山城并直接驻军三苏祠。就这样，昔日的圣贤之祠，成了荷枪实弹的军人出入之地。自此，眉山乡绅文人和百姓纷纷向当地政府请求，恳望驻军撤出三苏祠。

在当时的眉山县城里，设有第四专区行政公署和眉山县政府。于是，时任第四区行政督察专员的余安民便向四川善后督办刘为呈上了请示报告，请求十七师撤出三苏祠。刘为接到请示后，当即以四川善后督办名义，于1936年6月发出布告，并将余安民的报告转呈给四川省省政府主席刘湘。刘湘阅后也随即于7月发出省政府布告，并转呈当时身在四川行辕的蒋介石。8月，蒋介石专门签发中央政府布告，下令要求保护文物古迹。

这样，从民国二十五年（1936）6月的善后督办布告，到7月省政府布告，再到8月中央政府布告，三个月内三个布告连发，十七师终于从三苏祠撤出。至此，三苏祠重现"圣贤之祠"的本来面目，而百姓乡绅和学子们也重新得以入祠拜谒。为此，眉山将上述三个布告镌刻于石碑之上，并立于三苏祠内，作为纪念。

从碑文中可见，上述三个布告的前半部分基本是"四川省第四区行政督察专员余安民"请示报告的内容，后面则是各级政府的强调和要求。从布告碑的内容所录来看，第一通"四川善后督办布告碑"主要使用了行政督察专员余安民所呈送的报告，指出军队（十七师）驻扎三苏祠不妥，恳请撤出并上呈省政府。第二通"省政府布告碑"中则举一反三，将省内的武侯祠、杜甫草堂等名胜一并与三苏祠一样列为保护名胜，布告军民予以遵照，并同时上报了中央政府。而在第三通"中央政府布告碑"中，中央政府则借此机会，将保护文化古迹等要求通令全国，布告天下，特别是文中的"此不独吾川观摩所系也，且为全国景仰所关"，明令全国的名胜古迹，都不得由军队驻扎或机关借用。

中央政府的布告发布之后，十七师于次年撤出三苏祠。之后，当地政府重新修缮并扩建三苏祠，并将布告碑立于三苏祠，以示告诫。中央政府的石碑高1.84米，宽0.95米，魏碑体，楷书镌刻。四川省省政府和四川善后督办的布告碑依次缩小碑体。随着时间的推移，这三通记载民国三苏祠历史的碑刻日渐湮没。2000年，三苏祠在修缮过程中，偶然发现了这三通碑，它们或铺于道路，或镶成石缸，清理后发现，石碑有少量字迹风化损落，所幸基本完好。这三通布告碑保存在三苏祠前厅耳房的碑亭中,成为三苏祠历史的见证。

■ 相关链接一:

四川善后督办布告

眉山为三苏故里,城内旧有祠堂一所,内供文安、文忠、文定三公遗像。上年官绅集议,广为公园。颜曰:三苏。仰恳赐予保护布告、以维名胜。

等情,前来查,苏公父子崛起岷峨,独得山水之清奇,蔚为蜀学之大师。文章、道法、经济、事功、彪炳当时,垂范来□。地方人士景仰,芳型重新祠宇,拓为公园,以资观感。允宜力加保护、用垂久远。俾后之来者得所矜式,斯亦作育人才之一道。凡属公园以内,不准军队驻扎,或机关借用。庶园林台榭,历久常新。先哲典型,永远勿替。除指令照准外,合行布告。为此,告仰军民人等,一体遵照,勿违。切切,此告。

中华民国二十五年六月二十五日

四川善后督办关印

▲ 四川善后督办布告碑

■相关链接二：

四川省政府布告

案据四川省第四区行政督察专员余安民呈称

窃维式闾封墓，周推锡类之仁；表里旌门，汉重乡贤之礼。故义或取乎观感，而事无间于古今。所以矜式邦人，楷模多士也。眉山为三苏故里，城内旧有祠堂一所，内塑文安、文忠、文定三公遗像。林园幽胜，台榭清虚。历有名流，时多题咏。上年官绅集议，广为公园。颜之曰：三苏存其寔也。专员以钧行营，迭有明令，保存胜迹，仰见尊崇先哲，钦佩莫名。苏氏在宋一代，父子兄弟之间，人品文章之盛，稽有史之篇籍。前无古人，慨日下之江河，后无来者。即此崇祠旧址，岿然尚存。千年旧树，犹有荔枝。数里新衢，宛然纱縠。较之武乡遗庙、工部草堂，殆有过之无不及也。此不独吾川观摩所系也，且为全国景仰所关。况复拓为公园，籍供游览。倘疏护持之责，何觇文化

▲ 四川省政府布告碑

之□。□□仰恳钧行营，赐予保护布告，以免军队驻扎，机关借用，以维名胜。一俟奉到，领下署，即便勒诸石碑，垂之久远。庶几甘棠荫地，留已往遗爱之思，老柏摩天，启后来希贤之念。

等情，据此查，三苏父子，宋代先贤，品学文章，千载宗仰。关兹祠宇即属纱縠旧居，现既改作公园，胜地名贤，亟应崇护。据呈前情，除指令外，合行布告。仰军民人等，一体遵照，毋得擅行驻扎、借用。维名胜，切切。

专告

中华民国四川省政府印

二十五年七月□日

主席刘湘　民政厅长王又庸

■相关链接三：

国民政府军事委员会委员长行营布告

案据四川省第四区行政督察专员余安民呈称

窃维式闾封墓，周推锡类之仁；表里旌门，汉重乡贤之礼。故义或取乎观感，而事无间于古今。所以矜式邦人，楷模多士也。眉山为三苏故里，城内旧有祠堂一所，内塑文安、文忠、文定三公遗像。林园幽胜，台榭清虚。历有名流，时多题咏。上年官绅集议，广为公园。颜之曰：三苏存其寔也。专员以钧行营，迭有明令，保存胜迹，仰见尊崇先哲，钦佩莫名。苏氏在宋一代，父子兄弟之间，人品文章之盛，稽有史之篇籍。

国民政府军事委员会委员长

四川省第四区行政督察专员兼保安司令部谨为出示晓谕事：窃维式闾树基周非一代安文思文定曰三公园额之曰三苏公园者盖取北宋眉山苏氏父子昆弟苏洵苏轼苏辙文章之盛有以比于武公之园名曰三苏公园颜之曰三苏公园者……之江河俎豆馨香……之武乡遗庙工部草堂咸有□祠旧址归然尚存千年颇为胜地堂皆有通志此不独……于保较之久远历几百余载今□□改布告以维久远仰□□□□□□□□□要之公园潜借游览倘有持之贪巨之武乡适庙工部草堂偕有遗址归外……所□□为公园乃眉山古迹就乡贤之崇祠开兰登临之胜地堂直以此恩自应特准饰告切实保护毋得藉词借驻为要一体遵务须加意爱护

▶ 国民政府军事委员会委员长行营布告碑

中华民国二十四年四月 日 委员长蒋

前无古人,慨日下之江河,后无来者。即此崇祠旧址,岿然尚存。千年旧树,犹有荔枝。数里新衢,宛然纱縠。较之武乡遗庙、工部草堂,殆有过之无不及也。此不独吾川观摩所系也,且为全国景仰所关。况复拓为公园,籍供游览。倘疏护持之责,何觇文化之□。□□仰恳钧行营,赐予保护布告,以免军队驻扎,机关借用,以维名胜。一俟奉到,领下署,即便勒诸石碑,垂之久远。庶几甘棠荫地,留已往遗爱之思,老柏摩天,启后来希贤之念。

等情,查三苏公园,乃眉山古迹。就乡贤之崇祠,辟登临之胜地。直为□□□□□景仰之思。自应特准布告,切宽保护,用示崇敬,而垂久远。据呈前情,除指令外,合行布告。仰军政各界人等,一体凛遵。务须加意爱护,毋得籍词借驻。为要。

此布

中华民国二十五年八月□日
委员长蒋中正

简析:

三通布告的呈文和批复,前后只用了三个月的时间,时间短说明保护力度大。三通布告碑是民国时期各级政府对三苏祠文物乃至全国文化遗存加强保护的历史见证。

朱德——现代无产阶级革命家

关键词：朱德藏本《三苏全集》

朱德（1886—1976），字玉阶，四川仪陇县人，伟大的马克思主义者，无产阶级革命家、政治家和军事家，中国人民解放军的主要缔造者和领导人之一，中华人民共和国的开国元勋，是以毛泽东同志为核心的党的第一代中央领导集体的重要成员。

朱德委员长与三苏祠的缘分不浅，三苏祠至今保留有他的题词。朱德题词、"朱德墨兰"和其收藏过的《三苏全集》清代眉山刻本，是三苏祠博物馆馆藏的"朱德三宝"。

1963年4月25日，朱德委员长莅临三苏祠视察参观。据已退休的老馆长回忆，当年朱德委员长虽已届七十五岁高龄，手持拐杖，但他精神矍铄，和蔼可亲。在馆长的陪同和讲解下，朱德委员长兴致勃勃地参观了三苏祠，不停地夸赞："很好！很好！"更令他感慨的是自己曾收藏过的《三苏全集》清代眉山刻本，居然又回到了三苏的故居，这不得不说是一种缘分。

20世纪60年代初，朱德委员长在全国各地视察，曾几次回到四川，当得知朱德委员长要来眉山视察时，眉山人民为能亲眼见到革命领袖，感到骄傲和激动。用什么样的礼物来表达眉山人民对委员长的敬意呢？经过仔细研究后，县里决定就用眉山土生土长的兰花作为礼物。那是因为，朱德委员长一生都酷爱侍弄花草，尤爱兰草。他种兰、养兰、爱兰、咏兰。在朱德委员长来三苏祠时，县里将一些天然野生兰草作为礼物赠送给朱德委员长。委员长接过兰草时，非常高兴。参观结束后，在当时三苏纪念馆的请求下，朱德委员长欣然答应为三苏祠题词，不久之后，一幅五言诗条幅从北京寄至了成都杜甫草堂，再由草堂派人专程转送到了眉山三苏祠。朱德委员长用遒劲的笔力写下了："一家三父子，都是大文豪。诗赋传千古，峨眉共比高。"对三苏父子给予了很高的评价。

收到朱德委员长题词，眉山人民和三苏纪念馆十分欣喜，同时他们还得到了一份令人惊喜的回礼，那就是朱德委员长种植的"墨兰"，朱德委员长把自己最喜爱的兰花分别送给了杜甫草堂和当时的三苏纪念馆。礼物到达成都后，由杜甫草堂派专人送至眉山。一直以来，"墨兰"受到三苏祠园艺师们的精心呵护，生长良好，我们亲切地称之为"朱德墨兰"。每当墨兰花香四溢的时候，我们不禁想起朱德委员长慈祥的笑容。

三苏祠还保存了一张珍贵的照片，那是朱德委员长与当时眉山县参与接待他的所有接待人员的合影。能与党和国家领导人一起合影，每个人脸上都洋溢着喜悦和激动。

朱德委员长与"三苏"和三苏祠有缘，其收藏过的清代眉山刻本《三苏全集》，最后辗转入藏三苏祠博物馆的过程充满了传奇色彩。1960年，三苏纪念馆成立了，并开始着手在《文汇报》《四川日报》等刊登有关三苏文物资料的征集信息。1961年初，三苏纪念馆收到了四川泸州一位七十多岁的老人阴懋德仑的来信，老人是当时的泸州市政协委员，有意捐赠自己手中的朱德委员长收藏过的清代《三苏全集》刻本，经过往来联系，10月，三苏纪念馆有缘征集到了这一套朱德委员长收藏过的版本。《三苏全集》是清代道光十二年(1832)眉山三苏祠刻版，全书共八十册，二百零四卷。朱德委员长的藏本中，每册书上的第一页均盖有朱德委员长的"德字玉阶""仪陇朱氏藏书"两枚印章。阴懋德仑老人创办了泸州桐阴私立中学，并担任校长，因此，每册书的第一页还有"私立桐阴中学"和"阴懋德仑园父藏书"印。还有一枚是"眉山三苏纪念馆"的入藏印。

■ **相关链接：**

朱德藏本——清代眉山刻本《三苏全集》

此刻本为清道光十二年（1832），眉州知州弓翊清主持刊刻，全书共八十册，二百零四卷。包括苏洵《嘉祐集》二十卷，四册；苏轼《东坡集》八十四卷，四十六册；苏辙《栾城集》九十四卷，二十七册；苏过《斜川集》六卷，三册。牌记为："道光壬辰新镌，板藏眉州三苏祠。"

简析：

朱德藏本缺《嘉祐集》一至五卷（一册），《东坡集》七、八两卷（一册）。为了留给三苏纪念馆一个完整的《三苏全集》面貌，阴懋德仑老人找到了其他版本，补抄凑齐。为此，阴懋德仑老人在《三苏全集》上做了一篇《三苏集补抄记》：

《三苏集》二百零四卷——苏洵《嘉祐集》二十卷，苏轼《东坡集》八十四卷，苏辙《栾城集》四十八卷，《栾城后集》二十四卷，《栾城三集》十卷，《栾城应诏集》十二卷，又附苏过《斜川集》六卷。一八三二年（道光壬辰）眉山刻本，页十八行，行二十五字，框高十九公分。每页均钤有"德字玉阶"和"仪陇朱氏藏书之印"两颗印记，系仪陇朱德元帅旧藏。一九一六年以后四五年间，元帅驻节泸州，藏书颇多。其后留存兰溪，为旧友戴君与龄辗转介绍所致。革命领袖，功在国家，元帅所使用的扁担和镰刀，人民推爱屋及乌之意，犹妥为保存，或制成图片登诸报章，以表示景慕。这书版本已著录于莫友芝邵亭知见传本书目，而又曾经当代革命领袖所什袭珍藏，确要算得最是珍贵的革命文物。

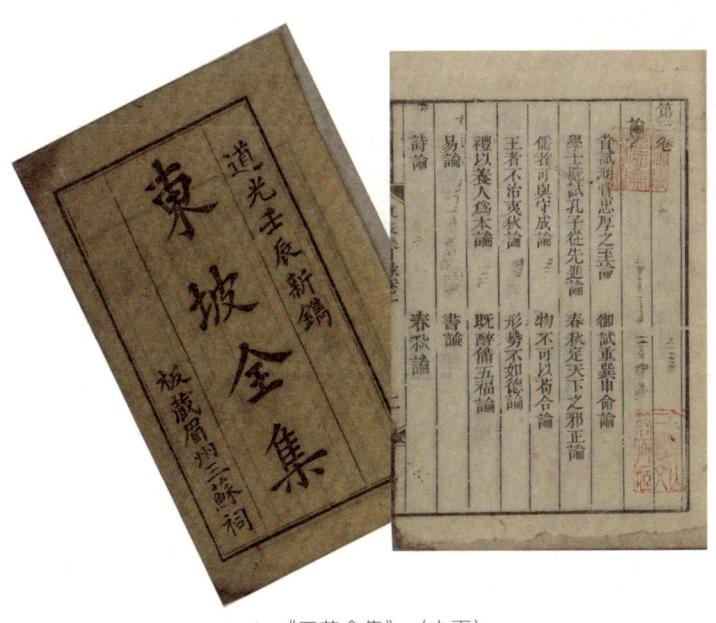

▲《三苏全集》（内页）

《嘉祐集》夺一至五卷一册，《东坡集》七八两卷一册。这缺陷须得把它补起。但本书原刻，一时无从觅得，《嘉祐集》现用涵芬楼景印之无锡孙氏小绿天藏景宋巾箱本，《东坡集》用明刻陈明卿订正之七十五卷本，把它补抄齐全。

四库总目提要说："曾巩作洵墓志铭称有集二十卷，晁公武读书志陈振孙书录解图题俱作十五卷，盖宋代已有二本"。孙氏小绿天本政系十五卷，以二十卷之眉山刻本，分卷自属不合，但篇目次序大致无误。提要又说："轼集在宋世，原非一本"。七十五卷本与眉山之四十八卷本当然不合，但补抄时完全按照眉山本目录次序，当然是与原书一致的。

一九六一年二月二十六日，泸州阴懋德仑园父抄讫并记，时年七十有二。

▲ 仪陇朱氏藏书之印

▲ 德字玉阶

朱德早年毕业于云南讲武堂军校，曾任军职于云南都督蔡锷麾下。1915年袁世凯复辟称帝，12月25日蔡锷通电全国，讨伐逆贼袁世凯并组织讨袁"护国军"。1916年，由朱德旅长率"护国军"一部，经云南进驻川南至泸州。此应为"元帅驻节泸州"之时，其间约四年。朱德临离开泸州时，可能将一部分藏书捐赠于"私立桐阴中学"，后辗转为阴懋德仑老人所得。朱德委员长的收藏本，又由阴懋德仑老人最终送归三苏祠，是三苏祠之幸。

李一氓——现代无产阶级革命家

关键词：匾额　书法　版本

李一氓（1903—1990），四川彭县人，早年在法国勤工俭学，参加过南昌起义和红军长征。新中国成立以来，其曾任中联部副部长、中顾委常委，国务院古籍整理出版规划小组组长、中国国际交流协会会长等职。

1979年，李一氓在担任中联部常务副部长期间，来三苏祠视察，受当时的眉山三苏义管所之请，为三苏祠内主体建筑之一的启贤堂补书了"启贤堂"匾额。

李一氓是中国无产阶级革命家，也是一位军旅文人，早在革命战争时期，他创办编辑进步刊物，翻译马克思著作，还为革命战友撰写了许多情真意切的诗文、挽联、碑文等。李一氓对苏轼的《江城子·密州出猎》尤为赞叹，苏轼的这首词，抒发了其希望驰骋疆场、保家卫国的情怀，更深深地感染千千万万的革命将士。七十六岁的李一氓用"西北望，射天狼"的豪情，书写了他最爱的这首词。

1982年，由陈云同志推荐，李一氓担任国务院古籍整理出版规划小组组长，开始着手对全国古籍进行调查整理。李一氓本人就是一名古籍收藏鉴定家,早在1959年10月,新中国成立10周年之际,三苏祠挂牌成立"三苏纪念馆",为表达对三苏的景仰之情和对三苏纪念馆正式开馆展出的祝贺,他就将自己珍藏的一部《增刊校正王状元集注分类东坡先生诗》捐赠给三苏纪念馆。

如今,三苏祠博物馆也收藏有李一氓三宝:"启贤堂"匾额、书东坡词《江城子·密州出猎》书法、清代《增刊校正王状元集诸家注分类东坡先生诗》(日本版本)。

■**相关链接一:**

启贤堂

李一氓题

注释:

启贤堂建于康熙四年(1665),是三苏父子供奉祖先牌位的地方,"启贤"为承前启后之意。现供奉着眉山派始祖苏味道像以及宋以来苏姓名人牌位。门柱上悬挂眉山杜重划集东坡诗句撰写的对联"门前万竿竹,堂上四库书",堂内楹柱悬挂朱靖华撰,眉山伍中一书的对联"金生丽水,三苏怀乡系赵郡;玉出昆岗,眉山发迹源栾城"。

原匾为清人所书,后不存。1979年李一氓补书。

名人与三苏祠

▲ 启贤堂

■ **相关链接二：**

江城子·密州出猎

苏轼

老夫聊发少年狂，左牵黄，右擎苍，锦帽貂裘，千骑卷平冈。为报倾城随太守，亲射虎，看孙郎。

酒酣胸胆尚开张，鬓微霜，又何妨？持节云中，何日遣冯唐？会挽雕弓如满月，西北望，射天狼。

注释：

老夫：苏轼自称。当时苏轼的实际年龄仅40岁。

千骑：形容随从很多，也暗指知州的身份。骑，一人一马为一骑。

孙郎：即孙权，字仲谋，三国时期东吴的建立者，曾亲自骑马射虎以显示其英豪、勇猛。郎，古代少年男子的美称，这里苏轼借以自喻。

持节云中：节，兵符。太守为

▲ 书苏轼《江城子·密州出猎》（李一氓）

朝廷命官，持节即奉有朝廷的重大使命。云中，今山西大同一带。

冯唐：西汉大臣，司马迁《史记·冯唐列传》称，冯唐以孝行著称于时，以中郎署长侍奉汉文帝。文帝时，匈奴入侵，云中太守魏尚获罪被削职，冯唐向汉文帝进言，要支持边防将领，赏罚恰当。文帝听从了冯唐的劝谏，并派其前往云中，恢复魏尚太守之职，以车骑都尉辅佐战事。此处苏轼以魏尚自况，是希望为朝廷镇守边关。

天狼：星宿名。这里指西北与宋朝接壤的西夏。西夏时常侵扰宋朝边境，战事时有发生，保境安民就是地方官的重要职责之一。

简析：

这首词作于宋神宗熙宁八年（1075）冬，苏轼任山东密州知州。因旱灾去密州常山祈雨，归来途中，与同官梅户曹会猎于铁沟，写了这首出猎词。词中，苏轼自比孙权，表现了出猎者的英豪；又自比魏尚，希望得到朝廷的重用，保家卫国。

整首词昂扬奋发，豪迈遒劲，一扫传统柔婉委屈的词风，提高了词品，扩大了词境，打破了词为"艳科"的范围，是苏轼豪放词的代表作品，在词的发展史上具有里程碑意义。

■ **相关链接三：**

《增刊校正王状元集诸家注分类东坡先生诗》

▲《增刊校正王状元集诸家注分类东坡先生诗》（李一氓藏本）

《王状元集诸家注分类东坡先生诗》初为宋本，王十朋纂集，刘辰翁批点。所谓集注类是将苏诗按所描绘内容分类，再加上诸家的注释编撰而成。王十朋在已刊行的苏诗"八注""十注"的基础上，"搜索诸家之释，裒而一之，划繁剔冗"而编成的，以分类编次和汇注百家为特点，流传很广，后来又出现了"增刊校正"等宋元版本，后人称之为"王注"或"百家注"。

王十朋，字龟龄，温州乐青（今浙江温州）人，南宋绍兴二十七年（1157）进士第一，称王状元。其曾任秘书郎、侍御史、龙图阁大学士等职，著有《梅溪集》。刘辰翁，字会孟，庐陵（今

▲ 李一氓注文

江西吉安）人，南宋著名词人，著有《须溪集》。

李一氓捐赠的《增刊校正王状元集诸家注分类东坡先生诗》共二十五卷，三十二册。为日本丙申年（1656）松柏堂刻本，依元代刻本翻刻。版式比我国古代书籍的版本宽，半页9行，粗黑口，双花鱼口，书高26厘米，广19厘米。框高21厘米，广17厘米。采用日本皮纸，又称东洋棉纸，色泽白中带黄，无簾纹，表面略微粗糙，韧性较强。字体为写刻软体，似赵体，结构方正，隽美秀逸，但略显呆板。朱墨双色套印本。正文、注文、片假名用墨色，人名、地名、书名等专用名词用红色竖线画在正文上标识。文中亦有红色圈点，旁注日文为手写上版。

第一册载"东坡纪年录"一卷，卷末有一双行朱印，文曰："当山四十八世高岳千峰喜拾"，应为藏书人印章。第二册后有一翻印牌记"建安虞氏务本堂刊"，据此可知此本是据元代虞氏务本堂本翻刻的。

书末有版权页，上记刊刻年代及刊刻者，"明历丙申大吕吉×书坊洛阳今口川"，落款"林和泉样板松柏堂"，并注明为"元时"。在书页的空白处有李一氓先生的两行朱色注文："日本明历丙申为西历一六五六年，时清代顺治十三年也，一氓附记"，顺治十三年即为公元1656年。

注释：

专家认为，这套善本几乎未见藏家著录，鲜为人知。《现存宋人别集版本目录》也未著录此刊本，所以，此本极为罕见，甚为珍贵。

刘孟伉——现代著名书画家

关键词：书法 对联

刘孟伉（1894—1969），字贞健，晚号呓叟，重庆云阳县人，著名书法家、篆刻家、诗人，1926年参加刘伯承领导的泸顺起义，历任川东游击纵队七南支队司令兼政委，川东行署委员兼副秘书长，1959年起任四川省文史馆馆长，著有《杜甫说解》《刘孟伉诗词选》等，被誉为20世纪中国最具代表性的书法家之一。

刘孟伉对三苏十分景仰，1959年12月来三苏祠拜谒之后，为三苏祠撰写了多副对联，其中有集东坡诗句和宋人诗句、自撰诗词等。在三苏祠内就悬挂有七副刘孟伉书写的对联，为三苏祠撰写楹联之最。此外，三苏祠还挂有他的其他书法作品。

■相关链接一：

> 北宋高文名父子；
> 南州胜迹古祠堂。
>
> 　　一九五九年十二月题寄眉山三苏祠
> 　　　　向楚为文　刘孟伉书字

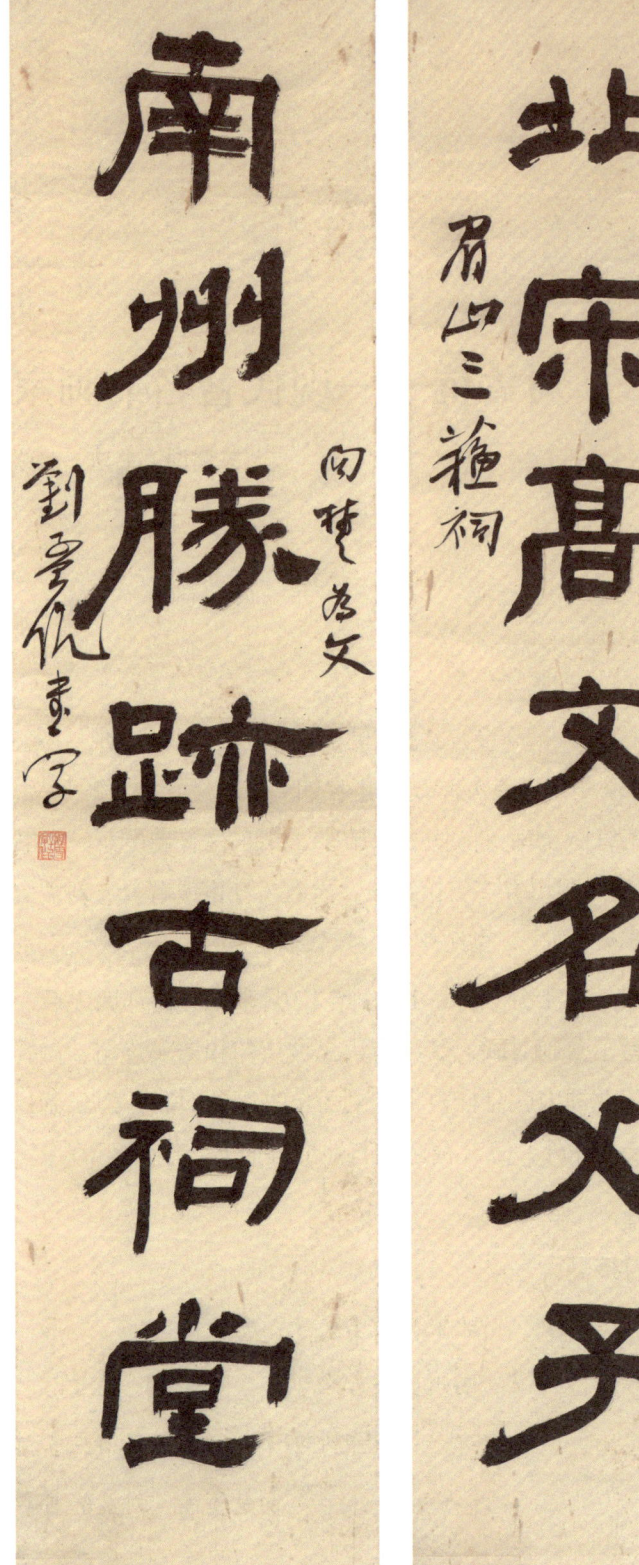

刘孟伉对联

注释：

此联为1959年向楚撰，刘孟伉书，悬挂于三苏祠南大门。

高文：指绝妙的文章。

名父子：指苏洵、苏轼、苏辙三父子，后世人称"三苏"。

南州：指眉州，因地处川西之南得名"南州"。

古祠堂：指三苏祠。

向楚（1877—1961），字先乔，重庆巴县人，史学家，教育家，光绪二十八年（1902）中举人。向楚辛亥革命时任孙中山大元帅府秘书、四川军政府秘书厅长，后任四川省政务厅厅长、代理省长、教育厅厅长、四川大学文学院院长、代理校长等职，新中国成立后为民革中央委员、四川省文史馆副馆长。其所总纂的《巴县志》为全国名志，另著有《空石居诗存》。

简析：

上联称颂三苏父子是北宋时期著名文学家，下联赞誉三苏祠是川西南最负盛名的文化古迹。

■ **相关链接二：**

> 卿云在霄，挺此和淑；
> 高风冠世，集其清华。

注释：

此联为刘孟伉1959年撰并书（无款识）。

卿云：即祥云。卿，通"庆"，一种彩云，古人以为祥云。

霄：天空。

挺：生出、特出。

和淑：和谐、美好。

清华：指清新、华丽的文辞。

简析：

上联说，祥瑞的云气在三苏祠上空飘荡，显得特别美好和谐。下联说，三苏父子高尚的风范冠绝当世，清新华美的文辞荟萃一门。

■ **相关链接三：**

> 书窗正对云洞启；
>
> 丛菊初傍幽篁栽。

注释：

此联为南宋陆游《木假山》诗摘句（见本书《古代篇——南宋爱国诗人陆游》），刘孟伉1959年书（无款识）。

陆游（1125—1210），字务观，号放翁，越州山阴（今浙江绍兴）人，南宋文学家、史学家、诗人。

书窗：指苏家书房来凤轩的窗户，这里曾是苏氏兄弟读书的地方，书房的门与木假山堂正对。

云洞：指天空。意为书窗向高远的天空洞开。

幽篁：篁，竹子的通称。

简析：

此联描述了木假山堂优美静谧的环境。丛菊、幽篁、木假山，映衬着一方天空、流云，烘托出一派安宁平和的氛围。

■ **相关链接四：**

除却读书无所好；

恍如造物与同游。

注释：

此联出自南宋戴复古诗句，1959年刘孟伉书（无款识）。

戴复古（1167—1248），

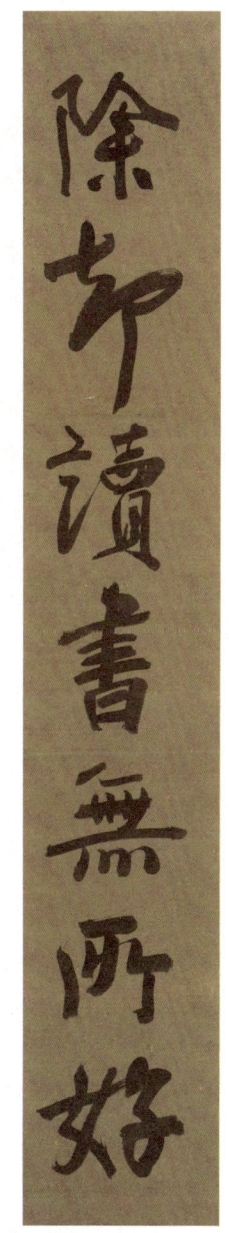

▲ 刘孟伉对联

字式之，天台黄岩（今浙江台州）人，南宋著名江湖诗派诗人。其常居南塘石屏山，故自号石屏、石屏樵隐，曾随陆游学诗，作品受晚唐诗风影响，兼具江西诗派风格，著有《石屏诗集》《石屏词》《石屏新语》等。

上联出自南宋戴复古《赵升卿有官不肯为，里居有贤声，访之于深巷中》：

深居陋巷不妨幽，翠竹当门水满沟。
每遇事来先觉懒，欲为官去又还休。
田园自乐陶元亮，乡里多称马少游。
除却读书无所好，有时闲作北岩游。

下联出自南宋戴复古《题邵武熙春台呈王子文使君》：

步到风烟上上头，恍如造物与同游。
千山表里重围过，一水中间自在流。
近郭楼台隔云见，邻峰钟磬出林幽。
风流太守诗无敌，有暇登临共唱酬。

简析：

上联意思是三苏父子一生勤奋好学，读书成为他们唯一的嗜好；下联意思是读书人在遨游书海时，好像造物主始终与之相随。

■ **相关链接五：**

谟议轩昂开日月；
文章浩渺作波澜。

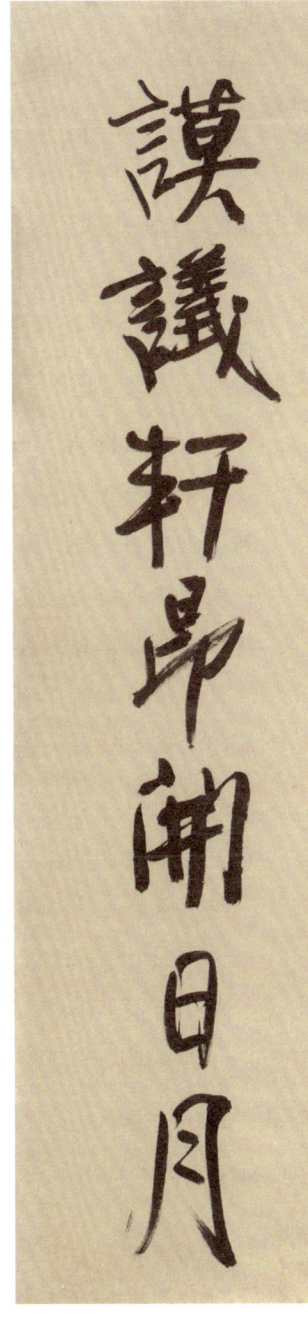

▲ 刘孟伉对联

谟议轩昂开日月

文章浩渺作波澜

注释：

此联集宋朱长文诗句，1959年刘孟伉书（无款识）。

朱长文（1039—1098），字伯原，号乐圃，潜溪隐夫，吴县（今江苏苏州）人，北宋书学理论家，著有《吴郡图经续集》《琴台记》《乐圃余稿》《乐圃集》等。

上联出自朱长文《送知府滕光禄》：

> 榜登龙虎亚抢魁，一纪横飞长宪台。
> 谟议轩昂开日月，辞章雄伟鼓风雷。
> 朝端已庆明良会，庙议咸推将相才。
> 一跌云衢成老大，几迁方面叹邅回。
> 致君事业看霜鬓，经国风猷付玉杯。
> 驱弩屡惊园令出，引章还喜买臣来。
> 展坟乍觉青松长，视学追怀绛帐开。
> 荣满江山增气象，仁沾里闬舞儿鲐。
> 齐云晚咏难留白，绿野新居欲继裴。
> 淮海巨藩虽重寄，傅岩须起作盐梅。

谟议：谟，计划、谋略、治国方略。这里指三苏父子的策论著作等。议，旧时用以议事说理或陈述意见的一种文体。

轩昂：形容气度不凡。

下联缺考。

简析：

此联颂扬三苏父子经世宏论如日月光照千秋；文章豪迈隽逸，

汪洋恣肆，一泻千里。

■**相关链接六：**

眼明小阁浮烟翠；
身在荷花水影中。

注释：

此联选自何栻《衲苏集》，刘孟伉1959年补书（无款识）。

何栻（1816—1872），字廉昉，号悔馀，江阴（今江苏江阴市）人，清道光年间进士，授编修，官职吉安知府。何栻一生仕途坎坷，官运不顺但人缘极好，诗才艳绝，书法也佳。曾国藩评价他："才人之笔，人人叹之不置""奇才天授"。何栻十分景仰苏轼的人品和才华，从苏轼的作品中集联三千余副，取名《衲苏集》（一部缀合苏轼诗句为联语的专集）。联语虽然不是何栻个人创作的作品，但他要完成这部《衲苏集》，必须要熟读苏轼诗词，而且还要有很高的文学修养以及楹

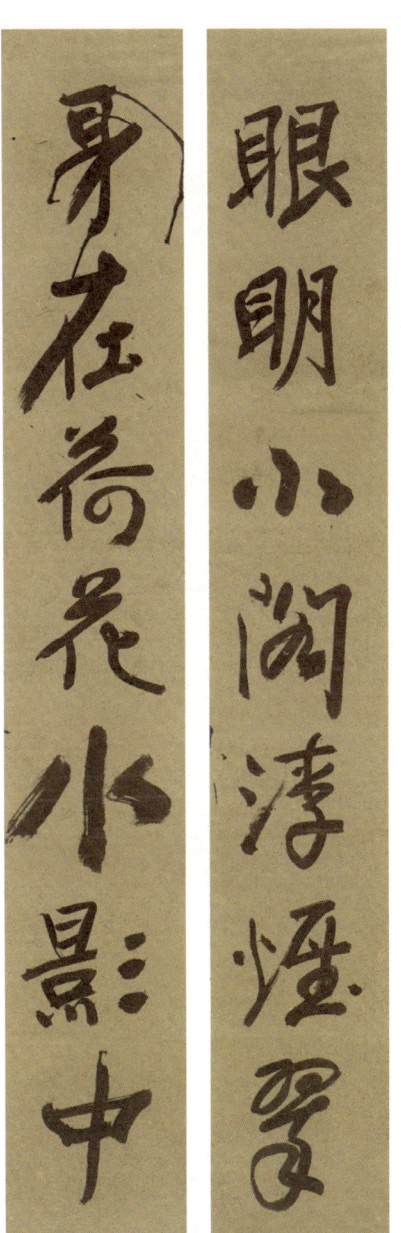

▲ 刘孟伉对联

联知识功底。《衲苏集》是何杕对苏轼的纪念，也是对自己精神家园的一种描摹。

上联出自苏轼《次韵周邠寄雁荡山图》：

指点先凭采药翁，丹青化出大槐宫；
眼明小阁浮烟翠，齿冷新诗嚼雪风。

浮烟翠：漂浮着绿色的云气。

下联缺考。

简析：

此联咏叹三苏祠瑞莲亭及池中夏季荷花盛开时的美丽景色。

■ **相关链接七：**

谁吹孤鹤南飞笛；
人唱大江东去词。

一九五九年十二月题寄眉山东坡楼

刘孟伉作于省文史馆

注释：

此联为1959年刘孟伉撰并书。

谁吹孤鹤南飞笛：宋神宗元丰五年（1082）苏轼因"乌台诗案"被贬黄州，十二月十九是苏轼生日，苏轼与友人饮酒于赤鼻矶下，忽闻笛声起于江上。苏轼使人问之，乃进士李委为苏轼生日作新曲《白鹤南飞》。

大江东去词：即苏轼《念奴娇·赤壁怀古》词，因首句为"大江东去"，也称大江东去词。

东坡楼：即馆内云屿楼，清光绪元年（1875）四川督学张之洞倡导修建，初名东坡楼。据说因为在晴好天气下，站在此楼上可远眺峨眉山峰，此楼后更名为云屿楼。

简析：

上联说，是谁又在吹奏《白鹤南飞》的乐曲，以笛声传递对先贤的怀念之情；下联说，是谁在大声吟诵大江东去词，咏叹千古风流的逝去。

郭绍虞——现代著名学者

关键词：书法　对联

郭绍虞（1893—1984），原名希汾，字绍虞，江苏苏州人，中国语言学家、文学家、文学批评史家。20世纪20年代，郭绍虞与茅盾、叶圣陶等创立文学研究会，新中国成立以后任上海复旦大学中文系主任、上海文联主席、上海作协副主席、中国古代文学理论学会会长、《辞海》副主编等。

郭绍虞主要致力于中国古典文学、中国文学批评史、中国语言学、音韵学、书法理论等方面的研究，著有《中国文学批评史》《沧浪诗话校释》《宋诗话考》等。郭绍虞晚年以照隅室作为书斋名，有《照隅室古典文学论集》《照隅室语言文字论集》《照隅室杂著》等。

1979年，眉山三苏祠所在的"三苏公园"更名为"三苏文物保管所"，修缮之后对外开放。1980年9月12日至17日，全国苏轼研究学会成立大会暨学术研讨会在三苏祠举行，来自全国各地的专家学者和苏轼遗迹遗址地代表80多人参会。郭绍虞先生由学会特邀前来参加成立大会。会议地点就在三苏祠内启贤堂，郭绍虞先生来三苏祠既为参加学术研讨会，又为以虔诚之心拜谒三苏父子、参观三苏故居。郭绍虞先生对三苏古祠堂的保护和传承感到欣慰，作《沁园春·为三苏祠重建开放作》词一首。他还为自己心目中的"千古一人"苏轼撰写了评价极高的对联。两件作品都成为三苏祠博物馆珍贵的文物资料，永远保存。

郭绍虞《沁园春·为三苏祠重建开放作》词中的"冲雅颍滨，豪放东坡，凝练老泉"成为对三苏文风的定评，得到苏学研究界的认可。郭绍虞先生的对联："萃父子兄弟于一门，八家唐宋占三席；悟骈散诗词之特征，千变纵横识共源"，一直悬挂在三苏祠前厅。

■ 相关链接一：

沁园春·为三苏祠重建开放作

郭绍虞

冲雅颍滨，豪放东坡，凝练老泉。考两朝唐宋，大家仅八，三苏父子，角逐其间。人杰地灵，物华天宝，此语唯心未必然。凭自述，知读书有得，家学相传。一门才哲翩翩，数玉局堂堂路最宽。于诗词骈散，都臻化境；法书绘事，均富云烟。行所当行，止乎当止，纵稍分歧仍一源。祠重建，问当年遗物，可有榆莲？

注释：

冲雅：典雅、淡雅，此指苏辙的文风。苏轼在《答张文潜县丞书》中道："子由之文实胜仆，而世俗不知，乃以为不如。

其为人深，不愿人知之。其文如其为人，故汪洋澹泊，有一唱三叹之声，而其秀杰之气，终不可没。"

颍滨：苏辙晚年隐居河南颍昌（今许昌，辖境为今许昌、漯河、平顶山等地），号颍滨遗老。

豪放：雄豪奔放。此指苏轼诗文风格豪迈，无所拘束。宋代胡寅《〈白芗村酒边集〉后序》中称："及眉山苏氏，一洗绮罗香泽之态，摆脱绸缪宛转之度，使人登高望远，举首高歌，而逸怀浩气，起乎尘垢之外。"苏轼的词打破了五代以来词为"艳科"的风格，开创了豪迈遒劲的风格。

东坡：苏轼在黄州，开垦耕种于黄冈东边的山坡，因自号东坡居士。

凝练：紧凑简练，言简意赅。此指苏洵的文风。

老泉：苏洵，字明允，号老泉。

玉局：苏轼晚年任成都玉局观提举，人称苏玉局。

简析：

苏辙的文风，文如其人，冲和而典雅；东坡的诗文豪迈遒劲，正如他乐观旷达的个性；而苏洵的"不惟空言而期于有用"，就体现在他紧凑简练，言简意赅的文风中。在唐宋八大家中，三苏父子就占据了三席，名贯古今。尤其是苏洵，以一介布衣跻身其中。三苏祠可真称得上是人杰地灵，物华天宝之地。但这一切并非偶然，苏家世代书香，家学相传。

一门三父子才哲翩翩，要数苏轼的才学之路最广、最宽。他的诗、词、骈、散文创作日臻完善；书法、绘画高超绝妙。

冲雅颖滨,真豪放东坡,凝炼考泉,考妣朝,唐宋大家佔八,三苏父子角逐其间,人杰地灵,物华天宝,此语唯心,未必此愿,自深知读书有得,家学相传,一门才哲,翩翩数玉局堂,踪最宝贵,诗词骈散都臻化境,法书绘事均富,云烟行所当行,止乎当止,继承坟典,仍一源,祠堂建门当重建,遨物可有榆逸

方沁园嘱词为三苏祠重建甫放作 一九九五年 郭绍虞书时年八十有七

▲ 郭绍虞题词

其文章如行云流水，行所当行，止乎当止，一切出于自然。三苏父子虽然在冲雅、豪放和凝练的文风上稍微有一点分歧，但仍然家学同源。如今，三苏祠重新修缮了，在这千年的古祠堂里，是否还能寻找到他们的遗物，尤其是象征科举成功的并蒂莲花？

■**相关链接二：**

> 萃父子兄弟于一门，八家唐宋占三席；
>
> 悟骈散诗词之特征，千变纵横识共源。
>
> 三苏祠重建纪念

东坡能使四六散化，古文语化，有时又骈化，诗议论化，词又诗化，变化纵横，莫可端倪。千古一人，罕见其匹。

郭绍虞时年八十有八

注释：

萃：荟萃，聚集。

八家唐宋：指唐代韩愈、柳宗元，宋代欧阳修、王安石、苏洵、苏轼、苏辙、曾巩，史称唐宋八大家。

骈散：指骈体文和散文两种文体。骈，对仗、对偶句。

四六：骈体文中每句四字或六字相对的样式，泛指骈文。

简析：

此联从文学史的角度肯定了苏氏父子在中国古代文学中的地

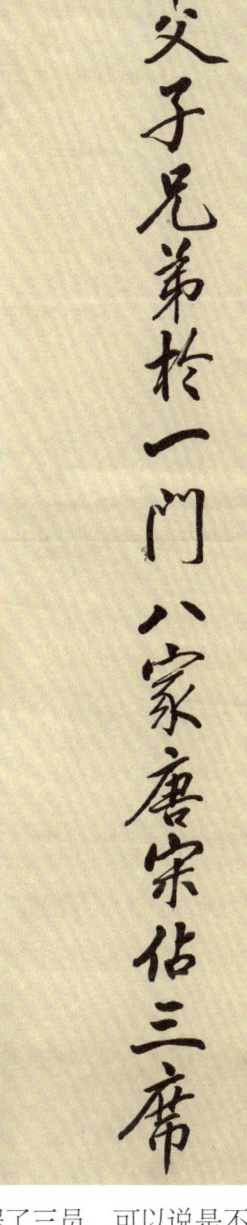
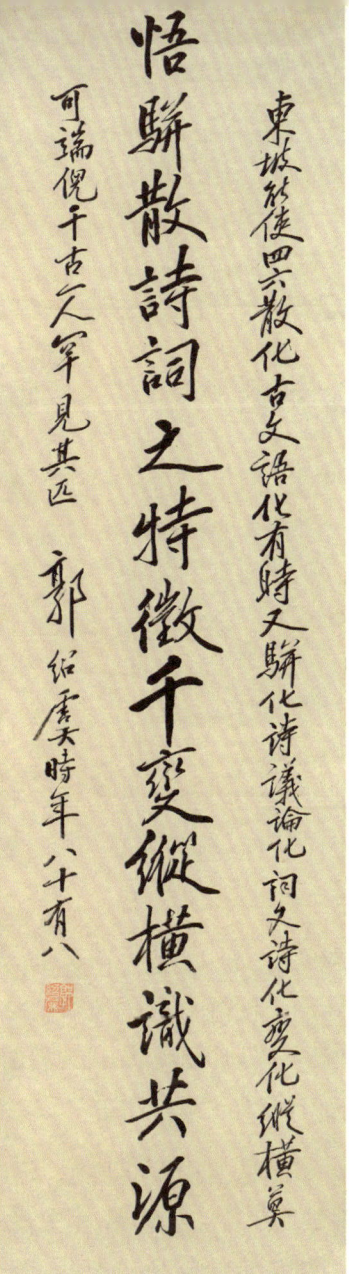

▶ 郭绍虞对联

位。"唐宋八大家",苏家就占据了三员,可以说是不可超越的。尤其是苏轼,更具有多方面的文学才能,其诗词文赋都继承和发扬了前人的优良文学传统,在"变化纵横"中取得了很高的成就,堪称"千古一人"。

赵朴初——现代著名学者

关键词：匾额　书法

赵朴初（1907—2000），安徽安庆人，中国民主促进会创始人之一，曾任中国人民政治协商会全国委员会副主席，中国佛教协会会长，著名书法家，代表作品有《佛教常识答问》《滴水集》等。

赵朴初与三苏祠有缘：曾于1984年和1988年两次来三苏祠，留下了两首诗和"式苏轩"匾额；1991年还为原眉山县题写了陆游诗句"千载诗书城"，碑石立于眉山北门，成为眉山当时的地标之一，如今，眉山百姓习惯称之为"北门诗碑"。

据当时三苏祠博物馆副馆长、后来任眉山市政协副主席的张忠全回忆，赵老两次来三苏祠都是他接待的。1984年7月16日，赵朴初第一次到三苏祠参观，张忠全给赵朴初先生详细介绍了三苏古祠堂改宅为祠的历史变迁和其作为文人祠堂有着的厚重的文化氛围。参观结束之后，张忠全请他到了接待室休息，并希望赵朴初先生能为三苏祠题词留念。赵朴初先生欣然应允，信笔在接待簿上题写了一首六言诗："昔谒祠于海南，今谒祠于眉山。异代风流可接，文章千古人间。"

1988年6月28日，赵朴初先生第二次参观游览三苏祠。

名人与三苏祠

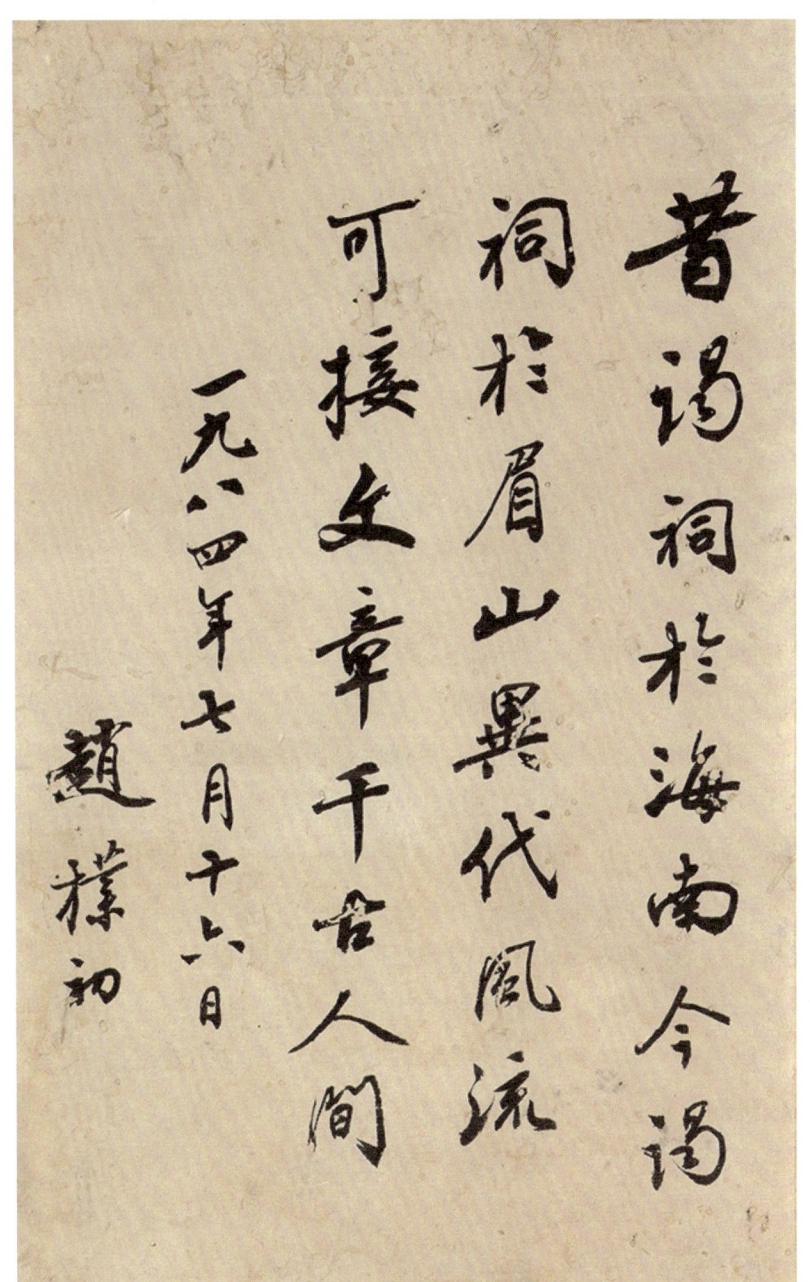

昔谒祠于海南今谒祠于眉山异代风流可接文章千古人间

一九八四年七月十六日 赵朴初

◀ 赵朴初题词

143

这次是因峨眉山金顶的金殿重修，举行开光大典。赵朴初先生前往峨眉山主持大典法会，路过眉山时偕夫人再次拜谒三苏祠，张忠全仍然是当天的陪同和导游。那天，天气不错，赵朴初先生精神好、兴致高，一面听解说，还一面小声与夫人谈论有关苏东坡的趣闻轶事。参观结束后，一行人到接待室喝茶休息，在喝茶的过程中，张忠全把1984年赵朴初先生的题诗给他看了，赵朴初先生很高兴地对他的夫人说："我说眉山三苏祠我来过，你还不信，你看这是我上次来的题词。"他随即把接待签名簿递给夫人看。张忠全乘机对赵朴初先生说："请赵主席再题一首诗好么？"赵朴初先生指着签名簿说："还是签在这上边？"张忠全恭敬地说："我们已经备好了笔墨了。"赵朴初先生没有推辞，来到书案前，拿起笔，略略沉思，随即写了一首七言诗："眉山魅力千秋在，百读苏文不厌多。乍见旧题寻旧梦，重来已是四年过。"赵朴初先生写完后，很高兴地看了看自己的大作。就在赵朴初先生兴犹未尽时，张忠全又横铺了一张四尺纸，赵朴初先生一见，高兴地问："怎么，要写匾？"张忠全回答说："请主席为我们三苏祠恢复修建的民国建筑'式苏轩'题一匾。"赵朴初先生笑着说："可以嘛！"其夫人过来关切地说："休息一会儿再写吧。"赵朴初先生说："不碍事。"赵朴初先生略加思索，提笔写下了"式苏轩"三字，但字因着墨过多，有些浸润，赵朴初先生不太满意。略为休息了一会儿，呷了一口茶后，赵朴初先生站起来说："我还是先把任务完成再说吧！"很快地又写了一幅，落上款识。夫人拿印章钤上，"式苏轩"匾额的书写就完成了。

■ 相关链接一：

昔谒祠于海南，今谒祠于眉山。

异代风流可接，文章千古人间。

赵朴初

一九八四年七月十六日

简析：

海南有五公祠和东坡书院，都是苏东坡曾经生活过的地方；眉山三苏祠是苏东坡出生地。作者拜谒先贤圣地，感叹苏东坡文章千古，风流千古。

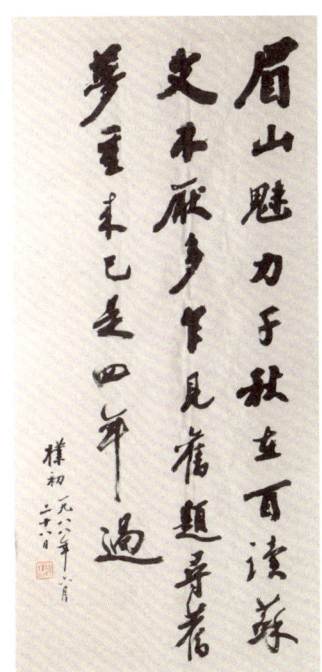

▲ 赵朴初题词

■ 相关链接二：

眉山魅力千秋在，百读苏文不厌多。

乍见旧题寻旧梦，重来已是四年过。

赵朴初

一九八八年六月二十八日

简析：

重游三苏故里仿佛是在寻梦一般，见到四年前的题词感慨万千。三苏的诗文百读不厌，眉山魅力千秋万代。

■相关链接三：

　　　　　　式苏轩

　　　　　　　　　　　戊辰六月

　　　　　　　　　　　赵朴初

注释：

此匾为1988年赵朴初补书。

式苏轩：式，楷模，榜样。式苏，将三苏父子作为学习的榜样。式苏轩始建于民国十七年（1928），1987年重建。

简析：

轩以"式苏"命名，意为三苏父子的爱民思想、坚忍不拔的精神品质、卓越的文学成就，值得大家学习和借鉴。

张爱萍——现代共和国上将

关键词：匾额　书法

张爱萍（1910—2003），四川达县人，中国人民解放军高级将领，早年在家乡参加学生运动和农民运动，1926年加入中国共产主义青年团，1928年转入中国共产党，中国共产党的优秀党员，无产阶级革命家，军事家，现代国防科技建设的领导人之一，1988年被授予一级红星功勋荣誉章。新中国成立后张爱萍曾任华东军区参谋长、国务院副总理等要职，同时还担任过全国人大常委会委员、中国共产党中央委员等职。张爱萍是著名的将军诗人、摄影家、书法家。

张爱萍曾于1979年3月21日和1982年4月26日两次来三苏祠视察参观。据当时的三苏文管所胡惠芬所长回忆，张将军对三苏十分崇敬，很喜欢古祠堂中那些意味深长的匾联，还时不时地用家乡话与大家交流。当来到启贤堂前的苏宅古井边时，听了胡所长对古井历史和黄荆树的介绍后，张将军饶有兴致地围着古井转了三圈，十分感慨地说道："我真想知道，这口井是怎样孕育出三苏的？"

张爱萍是军中诗人，书法家，还是四川人。他两次来三苏祠，先后题写了赞三苏的题词、苏轼《念奴娇·赤壁怀古》摘句、"披

▲ 披风榭

风榭"匾额和集东坡诗句联"长江绕廓知鱼美，小轩临水为花开"，表达其对三苏先贤的景仰之情。

■ **相关链接一：**

披风榭

一九八二年春　张爱萍

注释：

匾额原为清代人题撰，后匾毁。张爱萍1982年补书。

披：翻阅。

风：指《诗经》中的《国风》。

披风榭：意为吟诵诗词的亭宇。

简析：

披风榭，最早建于南宋眉州城内环湖中的高台上。当时，亭榭中悬挂有东坡先生遗像。南宋淳熙年间，陆游来眉州时曾见到披风榭中的东坡遗像，并作有《眉州披风榭拜东坡先生遗像》诗。后因环湖消失，披风榭也不复存在。清代光绪二十四年（1898），眉山人民为纪念苏轼、陆游两位文人，在三苏祠内重修了这座亭榭。

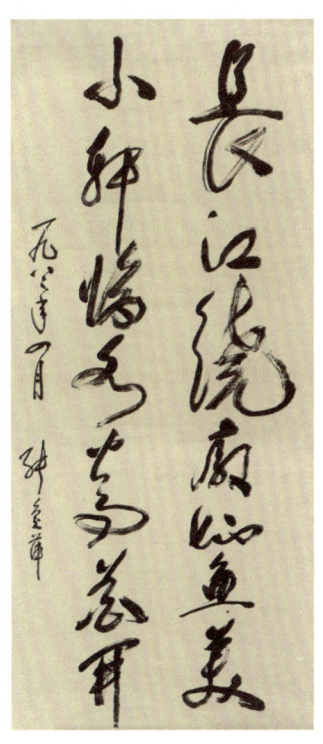

▲ 书苏轼诗句对联（张爱萍）

■ **相关链接二：**

长江绕廓知鱼美，小轩临水为花开。

一九八二年四月　张爱萍

注释：

集东坡诗句，1982年张爱萍书。

长江绕廓知鱼美，出自苏轼《初到黄州》：

自笑平生为口忙，老来事业转荒唐。
长江绕廓知鱼美，好竹连山觉笋香。
逐客不妨员外置，诗人例作水曹郎。
只惭无补丝毫事，尚费官家压酒囊。

苏轼"为口忙"语意双关，既指自己

因言事和写诗获罪，又指自己谋生糊口，呼应了诗中"鱼美""笋香"的口腹之美。

小轩临水为花开，出自苏轼《再和杨公济〈梅花〉十绝》其三：

白发思家万里回，小轩临水为花开。
故凭剩作诗千首，知是多情得得来。

简析：

杨公济，名蟠，杭州人。元祐六年（1091），苏轼任杭州知州时，杨公济任通判，二人唱和颇多。该诗表达苏轼对家乡的思念。

上联说，由山水相连，物产丰饶，人杰地灵的黄州，想到家乡眉州。下联说，在故居纱縠行的小轩，推窗就能欣赏的池中绽放的荷花。

■相关链接三：

大江东去，浪淘尽，千古风流人物。故垒西边，人道是，三国周郎赤壁。乱石穿空，惊涛拍岸，卷起千堆雪。江山如画，一时多少豪杰。

眉山三苏文物保管所属　张爱萍　一九七九年春

注释：

此为苏轼《念奴娇·赤壁怀古》词之上阕，为苏轼的代表作品之一。

■相关链接四：

一苏胜二苏，诗赋流千古

    参观三苏祠　张爱萍　一九八二年四月廿六日

注释：

一苏：指苏轼。二苏：指苏洵和苏辙。三苏父子诗词文赋、书画都高超绝妙，苏轼更胜一筹。

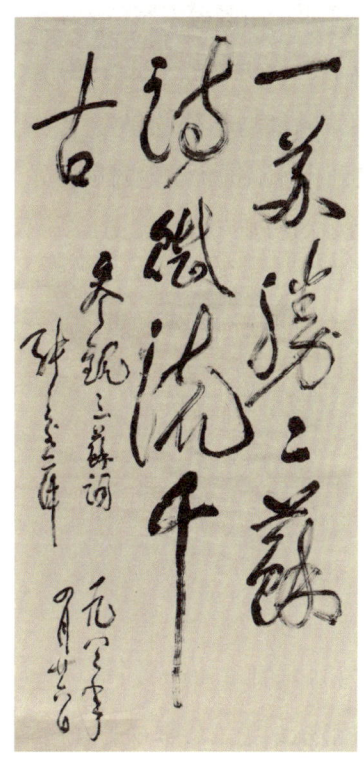

◀ 张爱萍题词

钱松嵒——现代著名书画家

关键词：东坡诗意书画

钱松嵒（1899—1985），江苏宜兴人，著名书画家，当代中国山水画主要代表人物之一。其曾任江苏省国画院院长、名誉院长，江苏省美术家协会主席，中国美术家协会常务理事、顾问。

钱松嵒是江苏宜兴人。宜兴是苏东坡晚年居住的地方，留有东坡遗迹，宜兴的山山水水都与苏东坡有关。因此，钱松嵒的书画作品描绘出苏东坡诗意山水，饱含着他对东坡先生的景仰之情。1960年10月24日，钱松嵒就"欣然晋谒，缅怀前贤，徘徊不忍遽去"先后为三苏祠留下了书画作品《江南蜀山图》《江天帆影图》《东坡诗意图》《东坡橘园图》《惠山品茗图》等。

■相关链接一：

江南蜀山图

注释：

钱松嵒创作于1978年，时年80岁。

江南蜀山：宜兴，故称阳羡。宜兴地处江南平原，境内有丁

◀ 江南蜀山图（钱松嵒）

山和独山两座小山。当年，苏东坡与友人游独山时，感叹地说道："此山似蜀"，后独山因苏东坡此语，改名"蜀山"。宜兴的紫砂名镇丁蜀镇由此得名。

跋文：

　　江南蜀山。我乡宜兴，古称阳羡，为江南望县，有蜀山镇，以陶业繁荣闻于世。昔东坡翁曾莅其地，以为俨然蜀中山，爱而欲买田作终老计，虽未果，而增此以蜀山名其地。原设有东坡书院，后改为东坡小学。产陶茶壶，有名东坡壶；民间佳肴，有名东坡肉。周处斩蛟处有其题字，余风遗韵，江南他邑尚多，至今传颂。我曾读三苏诗文，尤多读东坡著述，并时以其诗意及事迹作画题。每登蜀山，语为景仰。一九六零年十月廿四日，我游峨眉，车过眉山城，欣然晋谒三苏祠，缅怀前贤，徘徊不忍遽去。环顾林峦川石，又似我宜兴，几疑置身家园，想见坡翁当年之爱我宜兴，如爱其眉山也。我固爱故土宜兴之江南蜀山，因亦爱蜀中，如宜兴之眉山，两地遥隔千里，却为坡翁道德文章所系，如共间阎，爰绘斯图，即奉三苏祠补壁，并缀数语。

钱松嵒作于金陵，大江之滨时年八十

简析：

作者由江南蜀山之美，联想到苏东坡对家乡的热爱。行云流水的跋语，表达了他对东坡先生的景仰之情。

■相关链接二：

东坡橘园图

注释：

钱松嵒创作于1979年春，时年81岁。

《东坡橘园图》取材于苏轼《楚颂帖》：

吾来阳羡，船入荆溪，意思豁然，如惬平生之欲。逝将归老,殆是前缘。王逸少云:"我卒当以乐死。"殆非虚言。吾性好种植,能手自接果木,尤好栽橘。阳羡在洞庭上,柑橘栽至易得,暇当买一小园,种柑橘三百木。屈原作《橘颂》,吾园若成,当作一亭,名之曰楚颂。元丰七年十月二日。东坡居士轼书。

跋文:

元丰七年,东坡先生舟入荆溪,意思豁然,欲作归老计,自谓当买一小园,种橘三百木,并拟筑一亭名曰楚颂。盖取屈原颂橘之意,但去而不回,未遂其愿。余作斯图,倘先哲有知,当为莞尔。己未春日,偶过阳羡故居写此并识,钱松喦时年八十一。

▲东坡橘园图(钱松喦)

简析:

元丰七年(1084)三月,苏轼由黄州量移汝州团练副使,在去往汝州途中,看望了在筠州任职的苏辙,并上书"乞居常州",希望买田阳羡、种植柑橘,过归隐田园的自在生活。

作者由阳羡美景联想到苏东坡的橘园，抒发自己对家乡、对苏东坡的热爱。

■ 相关链接三：

惠山品茗图

▶惠山品茗图（钱松喦）

注释：

钱松喦创作于1979年春，时年81岁。

《惠山品茗图》取材于苏轼《惠山谒钱道人烹小龙团登绝顶望太湖》诗意：

踏遍江南南岸山，逢山未免更留连。
独携天上小团月，来试人间第二泉。
石路萦回九龙脊，水光翻动五湖天。
孙登无语空归去，半岭松声万壑传。

注释：

这首诗作于宋神宗元丰二年（1079）。

小团月：指小龙团茶，圆形印有龙纹的团茶，又称龙凤团茶，宋代贡茶。

人间第二泉：即惠山泉水。唐代"茶圣"陆羽曾品评了天下宜茶之水二十种，他认为庐山康王谷水帘水为第一，无锡惠山新泉为第二，蕲州兰溪石下水为第三。"人间第二泉"因此而得名。

跋文：

手携天上小团月，来品人间第二泉。惠山有泉甘冽，陆羽品为天下第二，东坡曾咏之以诗。今春，余返梁溪第二藤庐，品茗惠山，缅怀昔贤，纪之以图。己未夏，钱松喦作于金陵。

简析：

画中绘苏轼与友人钱道士一同来惠山，品龙团茶，欣赏太湖风光。

■**相关链接四：**

东坡诗意图

跋文一：（扇面）

山中老木秋还青，山下渔舟泊浅汀。

一笛月明人不识，自家吹与自家听。

尚周先生大雅教正
壬申春钱松喦偶成

▲ 山中老木秋还春图（钱松嵒）

跋文二：

东坡先生未归时，自种来禽与青李。

五年不踏江头路，梦逐东风泛苹芷。

江梅山杏为谁容，独笑依依临野水。

此间风物君未识，花浪翻天雪相激。

明年我复在江湖，知君对花三叹息。

仆去黄州五周岁矣，饮食梦寐未尝忘之。方请江湖一郡，书此一诗寄王文父、子辩兄弟，亦请一示李乐道也。

临苏书次韵王晋卿送梅花一首。苏公书天籁，独超于魄力，中具妩媚，顾细味其用笔，仍与羲献暗合，是黄庭坚以无佛处称尊自谦，实独具精鉴于当时也。

壬申春日为尚周先生法家正之，彬生顾宝琛并题

▲ 书苏轼《和王晋卿送梅花次韵》（顾宝琛）

注释：

钱松嵒创作于1932年春。扇面一面为钱松嵒绘画及题款，另一面为顾宝琛题苏轼《和王晋卿送梅花次韵》，是赠送友人尚周先生（无考）的合作作品。

顾宝琛：又名顾清廉，字彬生、冰生，清末名儒，以创办西学名重乡里。

简析：

一幅清幽的山水小景，虽自题为"偶成"，亦足见其诗书画功底。东坡诗意梅花，出自名儒之手，清新脱俗。

陈子庄——现代著名书画家

关键词：东坡诗意书画

陈子庄（1913—1976），号兰园、南原、下里巴人、陈风子（陈疯子）、十二树梅花主人、石壶山民等，晚年号石壶，四川荣昌（今重庆荣昌县）人，著名书画家。陈子庄自幼习画，早年在成都等地卖画，受齐白石、黄宾虹启发，中年生活坎坷，仍作画不辍，1988年中国美术馆举办陈子庄遗作展轰动画界。陈子庄曾任四川省文史馆研究员，四川省政协委员。其代表作有《山深林密》《秋山如醉》《溪岸图》等，著有《石壶论画语要》。

陈子庄在1963年春为三苏祠创作了东坡诗意画《竹外桃花三两枝图》和《清风乱荷叶图》，同年年底创作了苏东坡像一幅。

■ **相关链接一：**

竹外桃花三两枝图

注释：

陈子庄创作于1963年春。

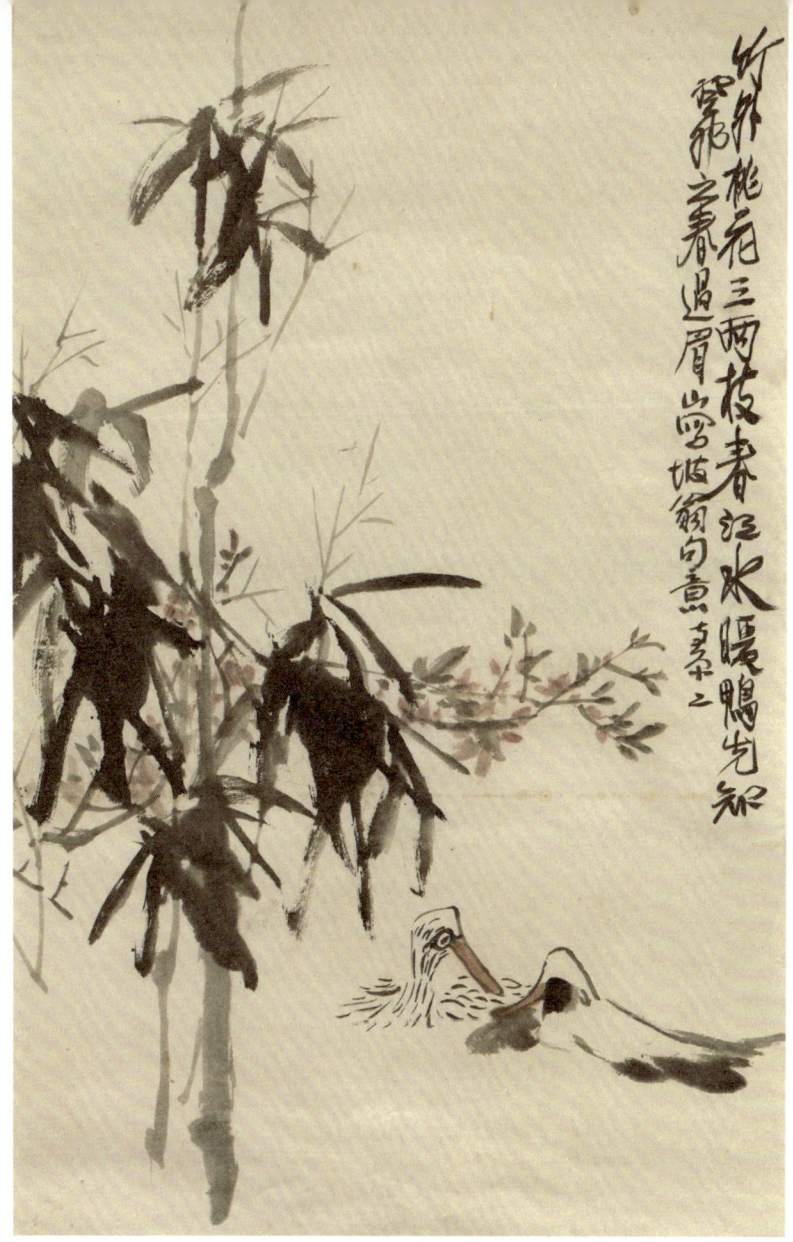

《竹外桃花三两枝图》取材于苏轼《惠崇春江晚景二首》中表现出的诗意：

　　竹外桃花三两枝，春江水暖鸭先知。
　　蒌蒿满地芦芽短，正是河豚欲上时。

跋文：

　　竹外桃花三两枝，春江水暖鸭先知。

癸卯之春过眉山，写坡翁句意南原。

简析：

《惠崇春江晚景二首》是苏轼的一首题画诗，诗中描绘了初春的江景，竹林外的桃花三三两两地悄然盛开了；江水回暖，鸭子在水中嬉戏；岸边的蒌蒿草遍地都是，芦苇也发出了嫩绿的短芽。这个时节，也是河豚将要从大海溯至江河产卵的时候。

■**相关链接二：**

清风乱荷叶图

注释：

陈子庄创作于 1963 年春。

《清风乱荷叶图》取材于苏轼《道者院池上作》中表现出的诗意：

下马逢佳客，携壶傍小池。
清风乱荷叶，细雨出鱼儿。
井好能冰齿。茶甘不上眉。
归途更萧瑟，真个解催诗。

跋文：

清风乱荷叶，细雨出鱼儿。

癸卯之春写坡翁句南原

▲ 清风乱荷叶图（陈子庄）　　▲ 苏东坡像（陈子庄）

简析：

　　初春时节，苏轼游览了京城郊外有名的"道者院"（又名普安寺），欣赏到了三月间道者院内细雨濛濛的风景。画面中，两片硕大的荷叶在初春的和风细雨中伸展，鱼儿在水中自由嬉戏。

■相关链接三：

东坡像

注释：

陈子庄创作于1963年农历十一月。

东坡像人物画取材于苏轼《东坡》表现出的诗意：

雨洗东坡月色新，市人行尽野人行。
莫嫌荦确坡头路，自爱铿然曳杖声。

跋文：

莫嫌荦确坡头路，自爱铿然曳杖声。

癸卯子月南原

简析：

"东坡"指苏轼开垦的黄冈东面的山坡，苏轼因此自号"东坡居士"。画面中所绘的就是一位超然物外、乐观旷达的苏东坡。

程十发——现代著名书画家

关键词:书画 对联

程十发(1921—2007),名潼,上海人,著名书画家,中国海派书画名家,在人物、花鸟方面独树一帜,在连环画、年画、插画、插图等方面均有造诣。程十发在书法上,得益于秦汉木简及怀素狂草,善将草、篆、隶结为一体。其曾任中国美术家协会理事,上海画院院长等。

1980年5月,程十发来三苏祠参观,应当时三苏文管所之邀,补书了清代人撰写的对联"木假山前怀旧柏;瑞莲亭畔读遗碑",还画出了他心中的苏东坡形象。

■相关链接一:

木假山前怀旧柏;

瑞莲亭畔读遗碑。

庚申蒲月

程十发书

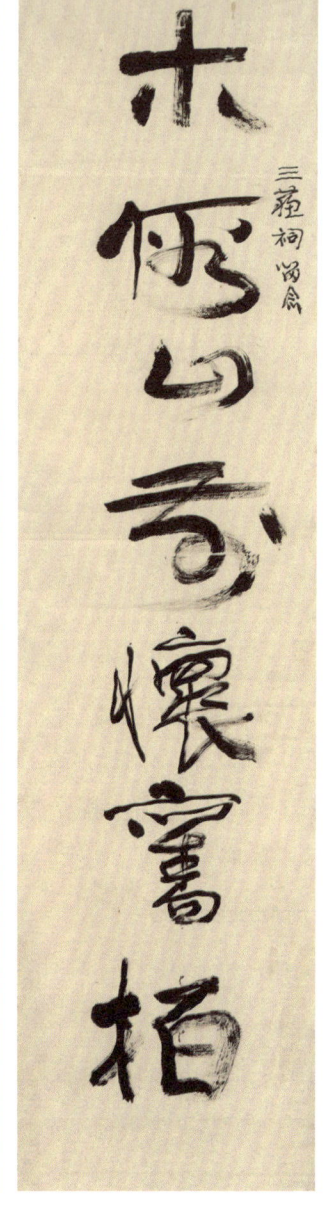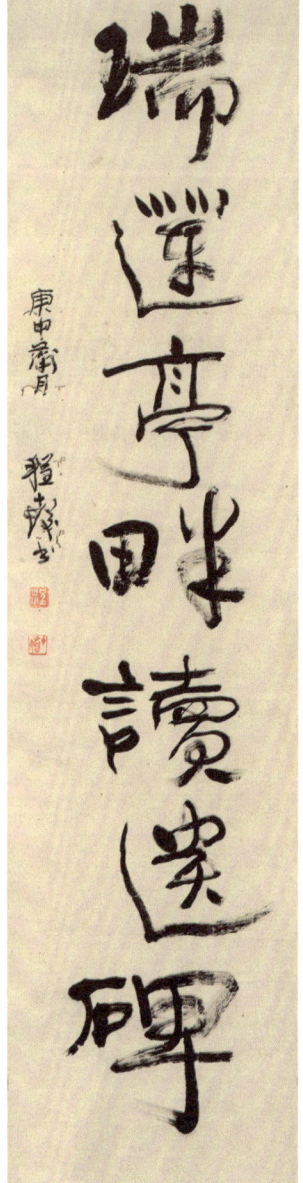

▲ 程十发对联

注释：

此联为清人撰，1980年5月程十发补书。

木假山：指三苏祠木假山堂所置的木假山。

旧柏：指启贤堂前的三株古柏，已枯死。

瑞莲亭：指原三苏故宅池中的小亭。苏洵曾手植瑞莲于池中，故名瑞莲亭。

遗碑：指三苏祠中一直保存的苏轼手迹刻碑《东坡盘陀画像碑》《马券碑》《柳州罗池庙迎享送神诗碑》等。

简析：

此联借三苏故宅中的遗物，如木假山、老柏树、瑞莲亭、遗碑等，表达了对三苏父子的仰慕之情。

■相关链接二：

东坡先生造像

▲ 东坡先生造像（程十发）

注释：

程十发创作于1980年。

款识：

庚申五月初八，程十发拟制东坡先生造像于眉山三苏祠。

白文印"程十发"。

简析：

画像表现了头戴斗笠，身着长衫，手握筇竹杖，"飘

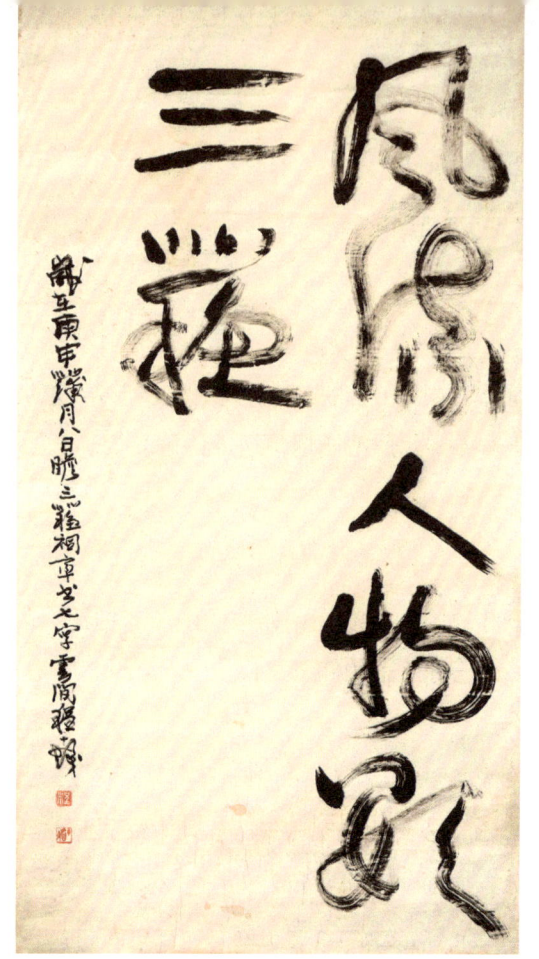

◀ 程十发题词

飘乎，遗世独立，羽化而登仙"的"坡仙"形象。

■ 相关链接三：

风流人物数三苏

注释：

程十发创作于 1980 年。

款识：

岁在庚申蒲月八日，瞻三苏祠，率书七字，云间程十发。

白文印"程"，一枚朱文印"十发"。

王学仲——现代著名学者

关键词：对联

王学仲（1925—2013），山东滕县人，天津大学教授，著名书画家，中国书法家协会顾问。王学仲精通书法、绘画、文学、哲学，是位多才多艺的艺术家和教育家。

1986年秋，王学仲来三苏祠参观，感慨三苏故居的人文风貌，敬佩三苏的人品气节，为三苏祠创作了一副长联。上联中"玉帐谈兵，琼楼念主，枢密上书"讲到三苏关心国计民生的爱国之心；下联"辩奸横忌，诗案奇冤，雷州刻毒"讲到三苏坎坷的人生历程。此联对三苏的精神进行了高度概括，从中可见，王学仲对三苏的热爱和敬佩之心。对联最初悬挂于飨殿后楹柱，2014年，在三苏纪念馆展陈改造提升工程中，因联文描述的内容与三苏生平事迹很贴合，因此，该对联被放大重刻为抱柱联，悬挂于三苏纪念馆大门。这是三苏祠至今最长的对联，字数超过了清代眉州州判杨庆远和四川盐茶使赵藩所撰写的长联。

王学仲对联

鬓鬓尘烟云召玉帐谈兵褒姒念主掊寘上书关心国计民生可惜渚女惺用贾

瞿目饕风虐雨偏教厘女痛沉湘眉山声俎豆欤横忌诗衆奇冤雷州刻毒

■ **相关链接：**

须管蘸烟霞，看玉帐谈兵，琼楼念主，枢密上书，关心国计民生，可惜汉文悭用贾；

眉山馨俎豆，叹辩奸横忌，诗案奇冤，雷州刻毒，触目饕风虐雨，偏教屈子痛沉湘。

丙寅菊秋王学仲并书

注释：

此联为1986年秋王学仲撰书。

须管蘸烟霞：须管，指毛笔。烟霞，指天上的云彩，泛指大千世界。这里指三苏父子舞动如椽大笔书写人生。

玉帐谈兵：指苏洵的政论、史论、策论，特别是军事方面的论述。曾巩评价道："明允为人聪明辩智，遇人气和而色温，而好为策谋，务一出己见，不肯蹑故迹，颇喜言兵，慨然有志于功名者也"。苏洵的《权书》《几策》中的《审敌》，《横论》中的《御将》《兵制》都是有关军事的论述。

琼楼念主：指苏轼忠君爱国之情。此句系化用苏轼《水调歌头·明月几时有》词中"我欲乘风归去，又恐琼楼玉宇，高处不胜寒"而来。

枢密上书：此指苏辙的政治主张。枢密是朝廷的中枢机构枢密院。苏辙在元祐年间，担任右司谏、尚书右丞、门下侍郎等要职，成为了元祐时期的执政大臣，史称"元祐重臣"。在此期间，苏辙所上奏章很多，其中在右司谏的十个月中就上奏章七十四篇，对元祐之政起到了重要作用。有学者甚至有"元祐之政,实为苏辙之政"的观点。

汉文悭用贾:汉文,指西汉文帝刘恒。贾,指贾谊,汉文帝时的贤才,汉文帝对其始用终弃,贾谊最后只做了长沙太傅,郁郁而终。此喻苏洵未得到朝廷重用。

眉山馨俎豆:眉山,指三苏的故乡。馨,散布很远的香气。俎豆,古代祭祀时的礼器。这里指眉山父老乡亲一直以来对三苏的纪念。

辩奸:指苏洵的《辩奸论》一文,其内容指斥王安石,颇有影响。

诗案:指"乌台诗案"。乌台,即御史台。宋神宗元丰二年(1079),苏轼于湖州知州任上,被御史李定以其《湖州谢上表》及其所作诗文,冠以谤讪新政的罪名被捕下狱。

雷州:指宋哲宗绍圣四年(1097),苏辙被贬化州别驾,雷州安置。

屈子:指楚国诗人屈原。比喻苏洵、苏轼、苏辙三父子像屈原一样受到不公平的待遇。

简析:

此联颂扬三苏父子的道德文章、政治主张及其忠君爱民的思想,同时也对三父子所受到的各种不公平待遇表示惋惜。

名人与三苏祠

乡贤篇

陈柏青——清代乡贤

关键词：《三苏全集》刻本　《花卉》册页

陈柏青，一个陌生而又熟悉的名字。说他陌生，是因为在眉山的史志类资料上查找不到他的相关信息，无法考证其生平；说他熟悉，那是因为在三苏祠博物馆收藏的书画、善本中屡屡出现他的收藏作品及印鉴，让我们对他有了多一些了解。最初见"柏青"，是他收藏的清代道光十二年（1832）眉山刻本《三苏全集》中，有"柏青之印"白印一枚和"陈柏青印"正方形朱印一枚；陈柏青本人所绘制的花卉册页一套上面也钤有"眉山陈柏青印""柏青""青"等印；还有就是在陈柏青收藏的清代"余敬修、甯祥元"书画册页中，封面书有"壬午春日柏青藏"题款，壬午年即为清代光绪八年（1882）；这才让我们知道陈柏青就是眉山人。最后，我们在整理拓本时，发现在民国初期出版的各类柯罗本碑刻书籍上有陈柏青的多枚收藏印章，如"桐阴深处""眉山陈氏柏青珍藏碑帖印""所有碑帖恕不出借"等，由此我们基本可以推断出，陈柏青是生活在清末至民国初期的眉山人，擅书画喜收藏。也许这位文化素养极高的乡贤，深居简出，故鲜为人知。

■相关链接一：

陈柏青藏本《三苏全集》

有关清代道光眉山刻本《三苏全集》，在介绍清代眉州知州弓翊清时我们对之已有基本了解，从三苏祠博物馆收藏的多套《三苏全集》来看，从道光年间初次刊印起，后又有多次重印，虽然是同一刻版，但重印本与初印本在纸张、墨色、装帧等的质量上都存在很大差距。陈柏青所收藏的这套版本应该是三苏祠收藏的所有《三苏全集》藏本中品相最好的初印本。书高26厘米，书广18厘米，深蓝色封面，内页正文为白色棉纸，纸质细白，雕刻工整，墨色均匀，字迹清晰。陈柏青对自己珍藏的版本更是珍爱有加，除在"弓翊清补刻三苏全集跋文"首行末钤有"陈柏青印"正方形朱印一枚，在"三苏全集凡例"首行末钤"柏青之印"白印一枚，以及各册中首页空白处钤"陈柏青印"长方形朱印一枚，没有留下个人阅读和批点的印记，书页清洁整齐。此本基本可以确定为陈柏青个人的收藏本。它让我们了解到了《三苏全集》最初、最真实的面貌。

▲ 眉山陈氏柏青珍藏碑拓之印

■相关链接二：

陈柏青花卉册页

▲ 桐阴深处

▲ 花卉图（清·陈柏清）

彭耀章——清代拔贡

关键词：洗砚池　苏坟山

彭耀章（1866—1936后），字黻卿，四川丹棱县（属眉州）人，与川中名士彭端淑同属一脉。

彭端淑（1699—1779），字乐斋，号仪一，四川丹棱县人，历经清代康熙、雍正、乾隆三世，为官五十载，两袖清风，人称"神君""青天"，除以为官清正著称外，还以文辞名动京城，与李调元、张问陶并称"蜀中三才子"。彭端淑有《白鹤堂诗文集》《雪夜诗话》等传世。

彭耀章于宣统元年（1909）通过由省城提督学院学政大人监考的院试，为眉州秀才第一。因为是州里的第一秀才，适逢京城国子监十二年一次的选拔，彭耀章成为眉山此次唯一被选拔的贡生，称为"拔贡"。后经过殿试合格，彭耀章出任四川省会理县知县。数年后，因凉山少数民族暴动，彭耀章回眉山居住，眉山人皆尊称"彭拔贡"。

彭耀章学识渊博，当年在自己的宅院创办了眉山第一所私立小学"宏模小学"，亲自授课，前后办学五年之久。民国十七年（1928），三苏祠扩建为公园，彭耀章曾以三苏祠房屋为校舍，培训当时眉州所辖的眉山、彭山、丹棱、青神四县教师（共三期），为眉州培养更多的人才尽力。

在三苏祠内有一处传为苏氏兄弟青少年时洗涤墨砚的水池,名为"洗砚池"。民国十七年(1928),眉山地方官绅对其进行了修缮,池为正八边形,每边长2米,有砖石护栏,正西面护栏镶嵌一碑,碑刻"洗砚池"三字,没有落款。据记载碑文就是彭耀章仿苏体题写的。

民国二十五年(1936),眉山第四专员公署专员余安民与眉山乡绅一道,在清明节前重修了苏坟山下的老翁井,并勒石"老翁泉",一字一碑,立于井旁,为此,彭耀章用一首四十句的长诗叙述了重修老翁井的经过,诗文镌刻于"翁"字碑阴。但在此后的几十年中,老翁井被淹没,碑也不复存在。直到2006年的清明节,淹没的老翁井被找到清淘,三通石碑被重新找寻回来立于井旁,有关人员还新修了仿古小亭以及登山石道。彭耀章撰写的诗文,有些已风化剥蚀,经过眉山书法家和文史工作人员的努力,碑文才全部辨别清楚。此外,在眉山蟆颐观据说还有彭耀章撰写的诗碑,只可惜已不知散落何方。

■相关链接一:

洗砚池

注释:

彭耀章民国十七年(1928)题。

洗砚池位于消寒馆侧,是三苏祠保存的苏家遗迹之一。民国十七年（1928）修置，彭耀章仿苏体题"洗砚池"。正西面设立的照壁上刻苏轼《天石砚铭》等。

▲ 洗砚池（民国）

▲ 洗砚池

■相关链接二：

重修老翁泉

彭耀章

眉东可龙里，石龙伏不起。中有漉波泉，柳沟山对峙。
有翁息井旁，近之则没矣。相传老翁井，嘉名锡始此。
老苏卜牛眠，铭之益彰美。两穴凿相联，距井十步耳。
历宋元明清，水清常澈底。泉经岁月多，荒凉何若是。
欲梗荒榛中，盈盈只一水。湮没无井形，有谁续修理。
植树佳节时，官绅悉庋止。游览心彷徨，无翕弗忍视。
命取龙骨翻，意寻旧井址。俨然八角形，沾沾色自喜。
筹划围栏杆，克日事鸠庀。欲使来游人，井思寻苏子。
老泉与老翁，两均不泯已。爱人及屋乌，人物相终始。
住斯后来人，亦能敬桑梓。莫视如铜驼，埋没荆棘里。

民国丙子春三月邑人彭耀章作并书　时年七十

注释：

彭耀章于民国二十五年（1936）撰。此文说明老翁井的由来以及发现、修缮经过。

附：

老苏瑞莲池记

彭端淑

丹棱属眉山。余自束发读苏氏文集，慨然想慕其人。适眉访昔日遗址，得于城隅，古柏千尺，遗像森然，流连不忍去。其侧有池，池内有莲，或曰："此固文公手泽所存也。"夏秋之交不常开，开则为吾眉科名之应，自明以来，历验皆然，因共传为瑞莲池。夫先生去今五百余年，其文章流播，常有英英不可磨灭之气。至于莲亦偶寄耳，人遥世变，几经残火毁而不移，亦已异矣，乃复为瑞于眉哉。余尝自蜀之秦之豫之齐及吴越楚粤，游罗浮，过惠州，所至有东坡祠或其所尝游及谪居之处，每欢贤人君子于其所至，奕世而下，虽山川草木亦与有荣，况其所生之地，手泽所存之足以为瑞也耶，后之君子因莲而生慕，因慕而生奋，使古人流风或复见于今日也。是则余之望也夫。

简析：

三苏祠内的瑞莲池是苏家遗迹，池中瑞莲更是眉山科举祥瑞之兆。作者在感叹"君子因莲而生慕，因慕而生奋"之余，希望眉山文章流传，英气不灭。

杜重划——现代著名书画家

关键词：东坡诗意书画　对联

　　杜重划（1920—1990），四川眉山人，擅长中国画。他于1949年毕业于前国立社会教育学院艺术系美术组，后任教于江苏师范学院美术系、苏州美专、南京师范学院美术系，苏州画院专职画师，国家一级美术师。

　　杜重划是眉山县永寿镇（今东坡区永寿镇）人，出生于清末一个秀才之家，五岁时母亲就去世了，寄养在外祖母家，后跟随四姨母生活。杜重划性格内向，沉默寡言，但聪明好学。他尤其喜欢绘画，先后就读于西南美专成都分校和成都南虹艺术高级职业学校，成绩优异。正如他的自序诗《苦行乐》所述：

　　　　生失父爱幼失母，至今不识慈严身。
　　　　英年四方求一饱，男儿穷身不穷心。
　　　　坎坷生涯恨与泪，泼洒成画流亡人。
　　　　自头始悟马列理，笔秃犹壮龙虎军。
　　　　人生之乐安所在，风雨寒暑育春英。

1942年，杜重划回到原眉山县女中担任美术教师，教学之余，继续绘画，将自己生活中所见的社会各阶层生活情景以漫画的形式描绘下来，编辑成册，自费出版了《社会漫画选》。这是一部极具感染力的作品，一出版就引起了巨大的轰动，杜重划也因此被称为"眉山丰子恺"。此时，爱国将军冯玉祥来眉山为抗日募捐，看到了杜重划的《社会漫画选》，大加赏识。他评价道："艺术家，杜重划，出了一本社会画……张张写真实，不虚假，题了诗，我为他。期盼同胞多学画，个个知道爱国家。"抗日募捐的第一天，杜重划捐出了200本《社会漫画选》义卖，冯玉祥在每册上签上自己的大名"冯玉祥"三个字，不一会儿，200本书籍全部卖完，此义举极大地激发了人们的爱国热情。随后，杜重划跟随冯玉祥，开始了一段军旅生活，并为冯玉祥的回忆录《我的生活》绘制插图。冯玉祥资助杜重划完成了重庆璧山国立社会教育学院艺术系的学业。

20世纪50年代，杜重划在江苏公立文化教育学院美术系任助教兼苏州美专讲师，后在江苏师范学院、南京师范学院任教。他常利用业余时间深入基层体验生活，创作了一大批充满生活气息的作品，其中描绘苏州郊区的农村妇女挑菜上街的人物画《上市去》最具代表性，在全国引起了很大影响。20世纪80年代，杜重划先后到云南、广西等地体验和慰问官兵，他的军旅题材作品深受好评。杜重划擅长人物画，特别注重对古代人物画像的创作，将诗、书、画于融于一体，其笔墨醇厚，画工精巧。屈原、李白、苏东坡等古代人物，在他的笔下生动而传神。

成名后的杜重划不忘故乡，多次回眉山采风和参加市县的重大活动。对家乡、对三苏的热爱更是体现在他的书画作品中。每次回眉山,他一定要来三苏祠拜谒三苏,一定会为三苏祠留下书画作品,从20世纪50年代起,杜重划留给三苏祠的书画作品就多达数十件,是三苏祠博物馆收藏个人作品最多的书画家。他的作品有苏家人物画和东坡诗意画,还有三苏祠亭台楼阁的风景画,书法作品有书写的匾联和三苏诗文等。苏家人物画包括三苏父子画像和苏家女眷《程夫人教子》《王夫人像》《苏小妹》画像等。一组《三苏祠风景画》成为三苏祠祠堂变迁的珍贵资料。东坡诗意画是每一位画家创作的题材之一,《水调歌头·明月几时有》又是每一位书画家最喜爱的题材,在杜重划的东坡诗意作品中,《每逢蜀叟谈终日》最传神,因为杜重划离开家乡眉山后,热爱家乡、想念家乡,对东坡诗中"每逢蜀叟谈终日"感触最深。

  有关杜重划老师的家乡情结,笔者有过一次亲身经历和深刻体会。那是1987年9月,杜重划老师应邀回眉山参加第一届东坡文化节,文化活动结束后,杜重划老师并没有急着离开眉山,而是在三苏祠停留了四五天。作为三苏祠博物馆的工作人员,我被安排接待陪同杜重划老师。杜重划吃住都在三苏祠内的"景苏楼"宾馆,几天都没有离开过三苏祠,一直在画室里不停地作画,杜重划老师身体不太好,我的第一任务就是为老师安排好清淡可口的饮食。第一天在画室见到杜重划老师,他就将手中的一份名单交给我说:"这是我这几天要完成的任务。你帮我拿着,要是把名单上的单位或者个人弄丢了就不好了",我一看那两页纸上密密麻麻地写满了单位名称和个人名字,我心想,要画这么多张啊?杜重划老师似乎看透了我的心思,笑嘻嘻地说,"回来一次不容易，都是乡里乡亲的，我也只有这样才能表达我的心意"。接下来的几天里，杜重划老师几乎都是埋头作画，给单位画的尺幅较大，或山水或花鸟；给个人画的尺幅小一些，花鸟居多，每一幅作品杜重划老师都是精心制作，绝无半点应酬之意，从构思到落笔完成，可谓劳神费力，非常辛苦。每次都是我提醒他喝水和休息，他才会停下画笔，杜重划老师的敬业精神和爱乡之情令人佩服。

■ **相关链接一：**

集东坡诗句

门前万竿竹；

堂上四库书。

癸亥杜重划

注释：

此为苏诗集句联，1983年杜重划书。

此联出于苏轼诗《答任师中家汉公》：

先君昔未仕，杜门皇祐初。

道德无贫贱，风采照乡闾。

何尝疏小人，小人自阔疏。

出门无所诣，老史在郊墟。

门前万竿竹，堂上四库书。

▲ 杜重划对联　　　　　　▲ 古纱縠行（杜重划）

四库书：古代书籍按经、史、子、集分为四类，或称四部、四库。

简析：

此联再现三苏故居门前栽种翠竹万竿，家中珍藏万卷诗书的书香人家风韵。

■ **相关链接二：**

古纱縠行

北宋初年，眉山纺织业、养蚕业很发达，眉山县城内南街至苏宅一巷为其时的纱縠集市，后人将此巷取名为古纱縠行。明清以来，纱縠行口建有牌坊，五十年代拆毁，为重立纪念馆特补书。

一九八三年秋月，杜重划

注释：

古纱縠行：纱縠行坐落于眉山城内西南内，是宋代眉山蚕丝经营集散地。縠，有皱纹的纱。苏家居住于纱縠行，苏轼文曰"先夫人僦居于眉山纱縠行"。苏轼母亲曾在此经营蚕丝生意，苏轼、苏辙有《蚕市》唱和诗。元代延祐年间改宅为祠。2010年，眉山市对纱縠行古街道进行了全面的文化提升和修缮改造，在纱縠行南段和北段恢复修建了两处牌坊，更名为"古纱縠行"。

■ **相关链接三：**

程夫人教子图

眉山三苏文物保管所留念

癸亥春写苏轼幼年生活于眉山重划

注释：

癸亥：1983年。

程夫人：苏洵之妻、苏轼兄弟的母亲，也是他们的启蒙老师。《宋史·苏轼传》、苏轼《记先夫人不残雀鸟》和《记先夫人不发宿藏》中记载了程夫人对苏轼教育启发的事迹。

生十年，父洵游学四方，母程氏亲授以书，闻古今成败，辄能语其要。程氏读东汉《范滂传》，慨然太息，轼请曰："轼若为滂，母许之否乎？"程氏曰："汝能为滂，吾顾不能为滂母邪？"

——《宋史·苏轼传》

简析：

程夫人在苏洵外出游学时，经常给苏轼兄弟讲古今成败及治乱的故事。有一天，程夫人给苏轼兄弟讲东汉《范滂传》，东汉末年的桓帝和灵帝时代，宦官把持朝政，贪污贿赂，结党营私，草菅人命。当时有位官员叫范滂，他为官清正，具有胆识和才干。

▲ 程夫人教子图（杜重划）

名人与三苏祠

他因同情百姓疾苦，抨击奸党豪强而遭到诬陷。范滂在临刑前，去向母亲告别，他对母亲说："母亲，弟弟仲博是个孝顺的儿子，可以尽赡养母亲的责任，儿今天要离开你了，望您老人家不要过分悲伤。"范母擦干眼泪对儿子说："你今天得到的是与李膺、杜密一样的好名声，我还有什么悲伤的呢？忠与孝二者何必一定要兼得呢？"程夫人讲到这里，不觉慨然叹息。苏轼激动地问："母亲，我长大了要做范滂那样的人，你允许吗？"程夫人感动地说："如果你能做范滂那样的人，我难道就不能做范滂母亲那样的人吗？"

记先夫人不残鸟雀

苏轼

少时所居书堂前，有竹柏杂花丛生满庭，众鸟巢其上。武阳君恶杀生，儿童婢仆，皆不得捕取鸟雀。数年间，皆巢于低枝，其鷇可俯而窥。又有桐花凤，四五日翔集其间。此鸟羽毛至为珍异难见，而能驯扰，殊不畏人。间里间见之，以为异事。此无他，不忮之诚信于异类也。有野老言，鸟雀巢去人太远，则其子有蛇鼠狐狸鸱鸢之忧，人既不杀，则自近人者，欲免此患也。由是观之，异时鸟雀巢不敢近人者，以人为甚于蛇鼠之类也。苛政猛于虎，信哉！

简析：

苏家的书房前有一片空地，竹柏丛生，杂花满院。鸟儿三三两两飞聚于桐树上,与主人和睦相处。母亲程夫人生性善良,厌恶杀生,更不允许残害雀鸟,所以,园子里的雀鸟都不怕人,把巢筑在低枝,巢内的鸟蛋和雏鸟,伸手就可以拿到。特别是一种叫桐花凤的鸟,羽毛红绿相间,美丽极了。它们三五成群翔集在苏家园子中。此事在眉山传为佳话。

记先夫人不发宿藏

苏轼

先夫人僦居于眉之纱縠行。一日,二婢子熨帛,足陷于地。视之,深数尺,有一瓮,覆以乌木板。夫人命以土塞之,瓮中有物,如人咳声,凡一年而已。人以为有宿藏物,欲出也。夫人之侄之问闻之,欲发焉。会吾迁居,之问遂僦此宅,掘丈余,不见瓮所在。其后吾官于岐下,所居古柳下,雪,方尺不积雪,晴,地坟起数寸。吾疑是古人藏丹药处,欲发之。亡妻崇德君曰:"使先姑在,必不发也。"吾愧而止。

简析:

纱縠行是眉山经营蚕丝生意的一个集市,程夫人将陪嫁变卖后,用这部分钱投资经商。于是她在纱縠行租了店铺营业。有一天,两个女仆正在熨烫丝帛时,双足陷入地中的大坑中,这深数尺的坑中有一个大瓮,可能是之前居住在此的人埋藏的宝贝。程夫人不但没有挖掘,而是让家里人将其重新埋好,并把土夯得严严实实,并用此事教育启发苏轼兄弟,君子爱财,取之有道。

《宋史·苏轼传》对程夫人简短的记述，以及苏轼《记先夫人不残鸟雀》和《记先夫人不发宿藏》，展示了程夫人以身作则，对苏氏兄弟正确的人生观和价值观的确立所起的引领作用。

■ **相关链接四：**

每逢蜀叟谈终日图

每逢蜀叟谈终日，便觉峨眉翠扫空。
余离乡已近四十载矣。每读坡公此诗句，不禁深有同感。
今值坡翁诞辰九百五十周年之际，聊作此图以纪念之。
眉山杜重划

注释：

《每逢蜀叟谈终日图》取材于苏轼《秀州报本禅院乡僧文长老方丈》：

万里家山一梦中，吴音渐已变儿童。
每逢蜀叟谈终日，便觉峨眉翠扫空。
师已忘言真有道，我除搜句百无功。
明年采药天台去，更欲题诗满浙东。

苏东坡诞辰九百五十周年，即1987年。

▲ 每逢蜀叟谈终日图（杜重划）

简析：

　　这首诗作于宋神宗熙宁五年（1072）。苏轼在杭州任通判时，结识了秀州报本禅院的主持文长老方丈，文长老是蜀人，苏轼离开家乡十多年了，遇见了这位德高望重如"蜀叟"文长老，就像是他乡遇故知似的，按捺不住思乡之情。苏轼与文长老用家乡话聊了一整天，写下了这首怀乡诗。杜重划先生对此特有感触，画面中的苏轼与文长老促膝而谈，虽没有任何背景衬托，但让人感觉非常温馨。

冯建吴——现代著名书画家

关键词：东坡诗意书画　对联

冯建吴(1910—1989)，字太虞，别字游，斋号蔗境堂、小徘徊楼，亭号子云亭，四川仁寿县人。冯建吴毕业于昆明艺术专科学校，1932年与同仁在成都创办东方美术专科学校，1952年任西北画报社美术编辑，1956年任四川美术学院教授，曾任四川省诗书画院副院长、重庆国画院副院长、中国书法家协会理事等职。著作有《山水画技法基础》。

仁寿冯家，祖籍江西景德镇，其高祖因避税迁四川，贩药售棉成为巨商，于是全家迁居仁寿县文宫镇，成为当地第一大粮户。父亲冯子融，母亲王氏，兄弟姐妹五人，大哥冯伯磷，冯建吴排行老二，弟弟冯伯琴，妹妹冯汀裤，小弟冯亚珩。1910年12月13日，冯建吴就出生在仁寿文宫镇松林湾冯家大庄园。冯家藏书十余万册，颇有书香氛围，使冯家的子女们都具有一定的文化基础。冯家出了两位著名书画家，那就是冯建吴和冯亚珩（石鲁）。

冯建吴对三苏先贤无比崇敬，多次来三苏祠，用书画家特有的方式表达对三苏的景仰之情。冯建吴1979年初夏作东坡诗意画《瓦屋寒堆春后雪图》和《江头千树开欲尽图》；1981

年书苏轼《秧马歌》；1982年撰写对联；1987年苏东坡诞辰九百五十周年之际，七十六岁高龄的他还书写东坡诗词，为苏东坡贺寿，表达对先贤的敬意。

■ **相关链接一：**

    瓦屋寒堆春后雪图

   东坡诗，己未新夏为三苏公园作，冯建吴

注释：

己未：即1979年。

《瓦屋寒堆春后雪图》取材于苏轼《寄黎眉州》：

  胶西高处望西川，应在孤云落照边。
  瓦屋寒堆春后雪，峨眉翠扫雨余天。
  治经方笑《春秋》学，好士今无六一贤。
  且待渊明赋《归去》，共将诗酒趁流年。

瓦屋：即瓦屋山，在眉山洪雅县境内。
峨眉：即峨眉山，佛教四大名山之一。

简析：

这首诗作于熙宁十年（1077），苏轼任徐州知州时。一方面好友黎希声要到眉州上任，苏轼作诗相送。另一方面，苏轼通过

▲ 瓦屋寒堆春后雪图（冯建吴）

对家乡名山大川的描述,表达了"归去"的思乡情节。画面中是郁郁葱葱的瓦屋山,也是冯建吴浓浓的思乡情。

■ **相关链接二:**

江头千树开欲尽图

江头千树开欲尽,竹外一枝斜更好。东坡诗意。

己未新夏为三苏公园写。冯建吴于重庆

▲ 江头千树开欲尽图(冯建吴)

注释:

己未:即1979年。

《江头千树开欲尽图》取材于苏轼《和秦太虚〈梅花〉》:

西湖处士骨应槁,只有此诗君压倒。
东坡先生心已灰,为爱君诗被花恼。
多情立马待黄昏,残雪消迟月出早。
江头千树春欲暗,竹外一枝斜更好。
孤山山下醉眠处,点缀裙腰纷不扫。
万里春随逐客来,十年花送佳人老。
去年花开我已病,今年对花还草草。
不如风雨卷春归,收拾余香还畀昊。

苏轼原句为"江头千树春欲暗"。作者有意为"开欲尽"。

简析：

画中几枝墨竹略微倾斜，两枝梅花盛开其间，红梅的冷艳与墨竹的深沉相搭配，让画面更富有诗意。

■ **相关链接三：**

《书东坡〈秧马歌〉》

春云濛濛雨凄凄，春秧欲老翠剡齐。
嗟我妇子行水泥，朝分一垄暮千畦。
腰如箜篌首啄鸡，筋烦骨殆声酸嘶。
我有桐马手自提，头尻轩昂腹胁低。
背如覆瓦去角圭，以我两足为四蹄。
耸踊滑汰如凫鹥，纤纤束藁亦可赍。
何用繁缨与月题，却从畦东走畦西。
山城欲闭闻鼓鼙，忽作的卢跃檀溪。
归来挂壁从高栖，了无刍秣饥不啼。
少壮骑汝逮老矣，何曾蹴轶防颠隮。
锦鞯公子朝金闺，笑我一生蹋牛犁。
不知自有木駃騠。

眉山三苏文物保管所属书东坡秧马歌
八一年元月　冯建吴

注释：

苏轼《秧马歌并引》作于广东惠州。秧马是一种拔秧用的

▲ 书东坡《秧马歌》（冯建吴）

农具，记载于宋代曾安止编写的《禾谱》中，《禾谱》是中国最早的水稻品种志。苏轼称其"文既温雅，事亦详实"，又叹息"惜其有所缺，不谱农器也"。南宋时期，曾安止的侄孙曾之谨补著了《农器谱》。苏轼在《秧马歌》引文中解释说：

> 过庐陵，见宣德郎致仕曾君安止，出所作《禾谱》。文既温雅，事亦详实，惜其有所缺，不谱农器也。予昔游武昌，见农夫皆骑秧马。以榆枣为腹欲其滑，以楸桐为背欲其轻。腹如小舟，昂其首尾，背如覆瓦，以便两髀，雀跃于泥中，系束藁其首以缚秧。日行千畦，较之伛偻而作者，劳佚相绝矣。《史记》"禹乘四载泥行四橇。"解者曰："橇形如箕，擿行泥上"。岂秧马之类乎？作《秧马歌》一首，附于《禾谱》之末云。

简析：

为减轻农民劳作的辛苦，苏轼把在武昌所见到的秧马推行到了广东惠州并详细说明其好处和用途。无论处于何种境地，苏轼的亲民爱民之情始终不变。

■ **相关链接四：**

> 其人其德其才，与历史长存不朽，斯为世仰；
> 乃父乃兄乃弟，本家学渊源有自，故尔风高。

眉山三苏文管所存

八二年九秋　冯建吴撰并书

眉山三苏文管所存　释文

其人其德其才与历史长存
不朽斯为世仰

公历九秋冯建吴撰并书
有自故雨风高
乃父乃兄乃弟本家学渊源

名人与三苏祠

注释：

此联为冯建吴1982年撰联并书。

其人：那样的人。此指三苏。

斯：则，因此。

乃：如此，这样。

风高：风格高尚。

简析：

上联赞颂三苏德才兼备，永为世人敬仰；下联说三苏家学一脉相承，风格高尚，具有大家之风范。

■ **相关链接五：**

东风未肯入东门，走马还寻去岁春。

人似秋鸿来有信，事如春梦了无痕。

江城白酒三杯酽，野老苍颜一笑温。

已约年年为此会，故人不用赋《招魂》。

　　东坡诞辰九百五十周年，为书其《女王城诗》以为纪念

　　　一九八六年十月于重庆蔗境堂，冯建吴，年七十六岁

注释：

这首诗作于宋神宗元丰五年（1082），苏轼来黄州已有两年

东风来肯入东门 走马还寻去岁邨 人似秋鸿才有信 事如春梦了无痕 江城白酒三杯酽 野老苍颜一笑温 已约年来为此会 故人不用赋招魂

东坡诞辰九百五十周年 为书其女王城诗以为纪念
一九八六年十月于重庆之芦境堂 冯建吴年七十二矣

◀ 冯建吴对联

了，去年的正月二十日，苏轼去岐亭访陈慥，友人潘大临、郭遘相送至女王城，作过一首七律，一年过去了，又是正月二十日，苏轼乃和前韵作此诗。

简析：

苏轼寻春出郊，故地重游，往事如烟，不胜感慨。同时，作者又能随遇而安，不以物喜，不以己悲，豪放旷达。其中"人似秋鸿来有信，事如春梦了无痕"二句，对仗浑然天成，为人称道。1986年四川籍书法家白允叔将其书写为联，悬挂于三苏祠东厢房。

伍中一——现代书法家

关键词：书法 对联

伍中一（1923—2008），号渡叟，四川眉山人，中国诗书画研究馆研究员，四川省书法家协会会员，四川省文史研究馆馆员，四川省楹联学会顾问，眉山市文联顾问，东坡诗社顾问，眉山市一届人大代表，被评为眉山市有突出贡献的拔尖人才。伍中一擅长隶书、小楷、草书，先后出版《历代名人咏峨眉》《眉州远景楼记》《伍中一墨迹》《历代名文选》《亦庐存稿》等。

伍中一1923年出生于眉山县松江镇。伍先生一生坎坷，饱经沧桑，因在眉山、乐山、峨眉等地知名度高，先后受聘在乐山大佛寺、峨眉山华藏寺参与建碑林、收集整理有关诗词和刻制碑刻等工作。伍中一出版了书法集《历代名文选》和《历代名人咏峨眉》，其中，所书小楷《历代名文选》被日本书界一次购达五千册之多，影响颇大。日本书道学者新建教授评价说："大字如端坐如来，妙相庄严；小字如簪花使女，俊秀中含英气"。台湾著名学者牟少玉称赞道："先生之大字雄健豪放，犹如燕赵慷慨悲歌之士；小楷清新秀丽，恰似出水芙蓉，摇曳生姿"。张爱萍曾在一次四川省举办的书法展中，在伍中一的小楷前驻足停留并加以好评，伍中一知道此事后，写了一幅小楷，以书信的形式寄给了远在北京的张爱萍，张爱萍如遇知己，高兴地回赠了一幅自己的作品，并对伍中一的小楷给予了很高的评价："如朗月于寒潭，无俗气无雕琢痕"。

20世纪90年代，伍中一先生已经七十岁了，回到眉山。眉山市委市政府授予其眉山市拔尖人才，给予他相应的待遇，伍中一先生称自己"转正了"，此后就一直居住在眉山。伍中一先生先后出版了书法集《眉州远景楼记》和《伍中一墨迹》等，均被北京图书馆收藏。几十年间，伍中一先生还为黄河碑林、太白碑林、杜甫碑林等十余处碑林书写碑文。伍中一先生还兼习传统诗词，作有诗词、楹联数百首（副），部分作品被选入《乐山历代诗集》《巴蜀楹联大全》及《巴蜀诗词》。2004年伍中一先生出版了诗集《亦庐存稿》。

伍中一先生对三苏先贤十分敬重。但凡三苏祠有什么需要的事情，伍中一先生从不推辞，1982年9月，四川省第一批碑刻学习班在三苏祠开班，伍中一先生受三苏祠博物馆邀请，为碑刻班选定东坡墨迹内容的石刻，他亲自在石碑上勾勒文字，不辞辛劳，成就了三苏祠碑廊中的一大批优秀碑刻作品。1987年适逢苏东坡诞辰950周年，三苏祠博物馆陈列需要全面提升，但当时没有电脑，只能采用印刷和手写的方式来完成展陈，三苏祠博物馆最先想到的就是伍中一先生，在短短的二三个月时间里，大量的展陈说明文字，诗词文章等都要由伍中一先生一字一句的书写成展板文字，而且还不能出错，否则会耽误时间，影响展陈进度。笔者与伍中一先生就是在这次布展中认识的，当时我刚从学校毕业,在展陈布展中,给伍中一先生做助手,每天我会按照布展要求,给先生布置"作业",先生的一丝不苟让我充满敬意,先生的幽默风趣让我记忆犹新。展陈布置完毕后我与伍中一先生已经很熟悉了,先生为我书写了一幅苏轼《念奴娇·赤壁怀古》横幅,我将其装裱起来,它至今悬挂在我家的客厅中,成为我对先生永远怀念的寄托。

每年农历腊月十九的东坡诞辰日,三苏祠都要举办"寿苏会",每年先生都在被邀请之列,在他生命的最后几年里,他曾开玩笑对我们工作人员说:"只要我还爬得动,就一定会来参加寿苏会",这虽然听起来有点幽默,但却是伍中一先生的真心话,无论他的身体状况如何不好,他都坚持参加寿苏活动。2006年4月清明节前,土地乡苏坟山发现了三通民国时期分别刻有"老""翁""泉"隶体字的石碑,其中有民国眉山宿儒彭耀章的五言诗《重修老翁泉》,共四十句。清明节后,馆内书法专业人士将拓片带回,经过反复辨识,还是有十七个字确认不了,只好求助于伍中一先生,工作人员把拓片送至伍中一先生家中,炎炎夏日,伍中一先生不顾炎热,用了整整三天时间一一破解了其中的文字,使全诗诗意晓畅。

2007年,三苏祠祠堂区再次提升展陈,启贤堂中设置了苏家始祖苏味道像,需要悬挂相应的对联一副,当时我想到了中国人民大学的朱靖华教授所撰的"金生丽水,三苏怀乡系赵郡;玉出昆冈,眉山发迹源栾城"很适合用在启贤堂中,我与朱靖华老师电话联系之后,朱靖华老师因为生病,手不方便,不能书写,建议我们可请其他书家,这时,我们能想到的仍然是伍中一先生,此时，先生年事已高，但是为了三苏祠、为了三苏先贤，先生还是圆满完成了任务。这副珠联璧合的作品是两位先生为三苏祠留下的最后一件作品，一直悬挂于三苏祠启贤堂中。

■ 相关链接一：

明德亲民政道怀仁遵孟子；

行云流水文风放逸祖庄生。

乡贤苏东坡先生诞辰九百六十五周年

书奉三苏博物馆惠存并正

辛巳腊月中浣邑人徐聘能撰联伍中一书

注释：

此联为 2001 年徐聘能撰，伍中一书。

明德亲民：词句出自儒家经典《礼记·大学》："大学之道，在明明德，在亲民，在止于至善。"意思是说，大学的宗旨在于弘扬光明正大的品德，在于使人弃旧图新，达到最完美的境界。这也是儒家追求的最高境界。

政道：为政之道。

怀仁：胸怀孟子的仁义思想。仁：儒家的一种道德规范。《孟子·公孙丑上》"以德行仁者王"。

庄生：即庄子，道家学派的代表人物之一。与老子合称"老庄"。著有《庄子》，其中，《逍遥游》《齐物论》最

▲ 伍中一对联

能代表其思想。

辛巳：即2001年。

浣：即旬，十日为一旬。

徐聘能：四川眉山人，四川三苏故里建设学会理事，东坡诗社副社长。

简析：

此联是说，苏轼为政之道，始终遵循儒家"明德亲民"的仁政思想；其诗文波澜壮阔，是师法庄子的"行云流水"风格所致。

■**相关链接二：**

金生丽水，三苏怀乡系赵郡；

玉出昆冈，眉山发迹源栾城。

丁亥桂月朱靖华撰

邑人伍中一书

注释：

此联为2007年朱靖华撰，伍中一书。

丽水：指云南省的金沙江。丽水地区矿藏资源丰富，尤其是金属矿藏，因此，古有金生丽水之说。意思是渊源深厚。

赵郡：今河北省赵县。东汉时期，冀州刺史苏章的子孙后代留居赵郡，这一支称赵郡苏氏。苏章为汉代苏武的后代，是汉代苏氏六个支系之一。唐代苏味道是其中显赫者。

昆冈：指昆仑山。昆仑山脉是出产美玉的地方。

栾城：今河北省栾城县。眉山派苏氏始祖苏味道，武则天时曾任凤阁鸾台平章事，后贬为眉州刺史，留下子孙。

苏氏家族源远流长，枝蔓天下，分赵郡苏氏、襄阳苏氏、武邑苏氏、武疆苏氏、蓝田苏氏、苏氏家族河南苏氏六派。其中，河北冀州苏章为赵郡苏氏始祖。唐代时期，形成了眉派、闽派、蜀派三大派系。苏章的后代苏味道，世居河北栾城，后贬为眉州刺史，成为眉派始祖。

丁亥：2007年。

朱靖华（1928—2008），山东安丘县人，中国人民大学教授、博士生导师，中国苏轼研究会常务理事，李清照、辛弃疾研究会副会长。

简析：

此联赞誉苏氏家族源远流长的历史，眉山派是底蕴深厚、声名显赫、影响后世的苏氏家族之一。

■**相关链接三：**

书苏洵《心术》

附

心术

苏洵

为将之道，当先治心。泰山崩于前而色不变，麋鹿兴于左而目不瞬，然后可以制利害，可以待敌。

凡兵上义，不义，虽利勿动。非一动之为利害，而他日将有所不可措手足也。夫惟义可以怒士。士以义怒，可与百战。

凡战之道，未战养其财，将战养其力，既战养其气，既胜养其心。谨烽燧，严斥堠，使耕者无所顾忌，所以养其财；丰犒而优游之，所以养其力；小胜益急，小挫益厉，所以养其气；用人不尽其所欲为，所以养其心。故士常蓄其怒、怀其欲而不尽。怒不尽则有余勇，欲不尽则有余贪，故虽并天下而士不厌兵。此黄帝之所以七十战而兵不殆也。不养其心，一战而胜，不可用矣。

凡将欲智而严，凡士欲愚。智则不可测，严则不可犯，故士皆委己而听命，夫安得不愚？夫惟士愚，而后可与之皆死。

凡兵之动，知敌之主，知敌之将，而后可以动于险。邓艾缒兵于蜀中，非刘禅之庸，则百万之师可以坐缚，彼固有所侮而动也。故古之贤将，能以兵尝敌，而又以敌自尝，故去就可以决。

凡主将之道，知理而后可以举兵，知势而后可以加兵，知节而后可以用兵。知理则不屈，知势则不沮，知节则不穷。见小利不动，见小患不避，小利小患，不足以辱吾技也，夫為將之道當先治心泰山崩於前而色不變麋鹿興於左而目不瞬然後可以制利害可以待敵凡兵上義不義雖利勿動非一動之為利害而他日將有所不可措手足也夫惟義可以怒士士以義怒可以百戰凡戰之道未戰養其財將戰養其力既戰養其氣既勝養其心謹烽燧嚴斥堠伐伎耕者無所顧忌所以養其財豐犒而優游之所以養其力小勝益急小挫益厲所以養其氣用人不盡其所欲為則不用故士常蓄其怒懷其欲而不盡也怒不盡則有餘勇欲不盡則有餘貪故雖并天下而士不厭兵此黃帝之所以七十戰而兵不殆也不養其心一戰而勝不可用矣凡將欲智而嚴凡士欲愚智則不可測嚴則不可犯故士皆委己而聽命於吾焉得不愚夫惟士愚而後可與之皆死凡兵之動知敵之主知敵之將而後可以動於險隘鄧艾縋兵於蜀中非劉禪之庸則百萬之師可以坐縛彼固有所侮而動也故古之賢將能以兵嘗敵而又以敵自嘗故去就可以決凡主將之道知理而後可以舉兵知勢而後可以加兵知節而後可以用兵知理則不屈知勢則不沮知節則不窮見小利不動見小患不避小利小患不足以辱吾技也夫然後有以支大利大患夫惟養技而自愛者無敵於天下故一忍可以支百勇一靜可以制百動兵有長短敵我一也敢問吾之所長吾出而用之彼將不與吾校吾之所短吾蔽而置之彼將强與吾角奈何曰吾之所短吾抗而暴之使之疑而卻吾之所長吾陰而養之使之狎而墮其中此用長短之術也善用兵者使之無所顧有所恃無所顧則知死不足惜有所恃則知不至於必敗尺箠當猛虎奮呼而操擊徒手遇蜥蜴變色而卻步人之情也知此者可以將矣袒裼而案劍則烏獲不敢偪冠冑衣甲據兵而寢則童子彎弓殺之矣故善用兵者以形固夫能以形固則力有餘矣

公元一九八七年元月時客嘉州縣人伍中一六十三歲 蘇洵

▲ 书苏洵《心术》（伍中一）

然后有以支大利大患。夫惟养技而自爱者，无敌于天下。故一忍可以支百勇，一静可以制百动。

兵有长短，敌我一也。敢问："吾之所长，吾出而用之，彼将不与吾校；吾之所短，吾蔽而置之，彼将强与吾角，奈何？"曰："吾之所短，吾抗而暴之，使之疑而却；吾之所长，吾阴而养之，使之狎而堕其中。此用长短之术也。"

善用兵者，使之无所顾，有所恃。无所顾，则知死之不足惜；有所恃，则知不至于必败。尺箠当猛虎，奋呼而操击；徒手遇蜥蜴，变色而却步，人之情也。知此者，可以将矣。袒裼而案剑，则乌获不敢逼；冠胄衣甲，据兵而寝，则童子弯弓杀之矣。故善用兵者以形固。夫能以形固，则力有余矣。

简析：

《心术》是苏洵《权书》十篇中的第一篇。《权书》是苏洵在庆历六年（1046）至至和二年（1055）间完成的。苏洵在《〈权书〉序》中说："《权书》，兵书也"，因"为将之道，当先治心"，故《心术》为十篇之首。其中"泰山崩于前而色不变，麋鹿兴于左而目不瞬"，为人称道。

后　记

　　三苏祠是祭祀三苏的祠堂，千百年来成为人们景仰三苏的圣地，尤其是历代名人对三苏祠的题咏以及修缮，让祠堂保存完好，人文气息浓厚。本人在三苏祠博物馆工作多年，对三苏祠历史沿革、历史事件以及馆藏文物有较多的了解，所以同时撰写了《名人与三苏祠》和《苏祠漫步》两本书，希望让更多的人了解三苏祠的历史，感受三苏祠独特的文化魅力。

　　《名人与三苏祠》分为古代篇、近现代篇、乡贤篇三章，共收录名人32位。古代篇收录名人15位，近现代篇收录的12位主要是已故和留有书画作品的名人。乡贤篇是本书特别撰写的一章，收录了清代以来的眉山乡贤5位。

　　因本人学识浅薄，如有不足之处，敬请指正。

　　在此，感谢三苏祠博物馆！

　　感谢为此书提供资料的同事们！

徐　丽
2020年7月